Das Krippen kinder jahreszeiten buch

Monika Klages

Das Krippen kinder jahreszeiten buch

Illustrationen von
Iris Rarisch

HERDER

FREIBURG · BASEL · WIEN

Im Interesse der besseren Lesbarkeit und weil Frauen in frühpädagogischen Berufen prozentual stärker vertreten sind als Männer, wird in diesem Buch stets die Leserin angesprochen und auch meist die weibliche Form verwendet, wenn von pädagogischen Fachkräften die Rede ist. Selbstverständlich sind damit aber immer Leser und Leserinnen bzw. männliche und weibliche Fachkräfte gleichermaßen gemeint.

Umschlaggestaltung: RSR Design, Reckels/Schneider-Reckels, Wiesbaden
Umschlag- und Textillustrationen: Iris Rarisch, Düsseldorf
Satz und Gestaltung: typopoint GbR, Ostfildern

Herstellung: Graspo CZ, Zlín
Printed in the Czech Republic

ISBN 978-3-451-32849-7

Inhalt

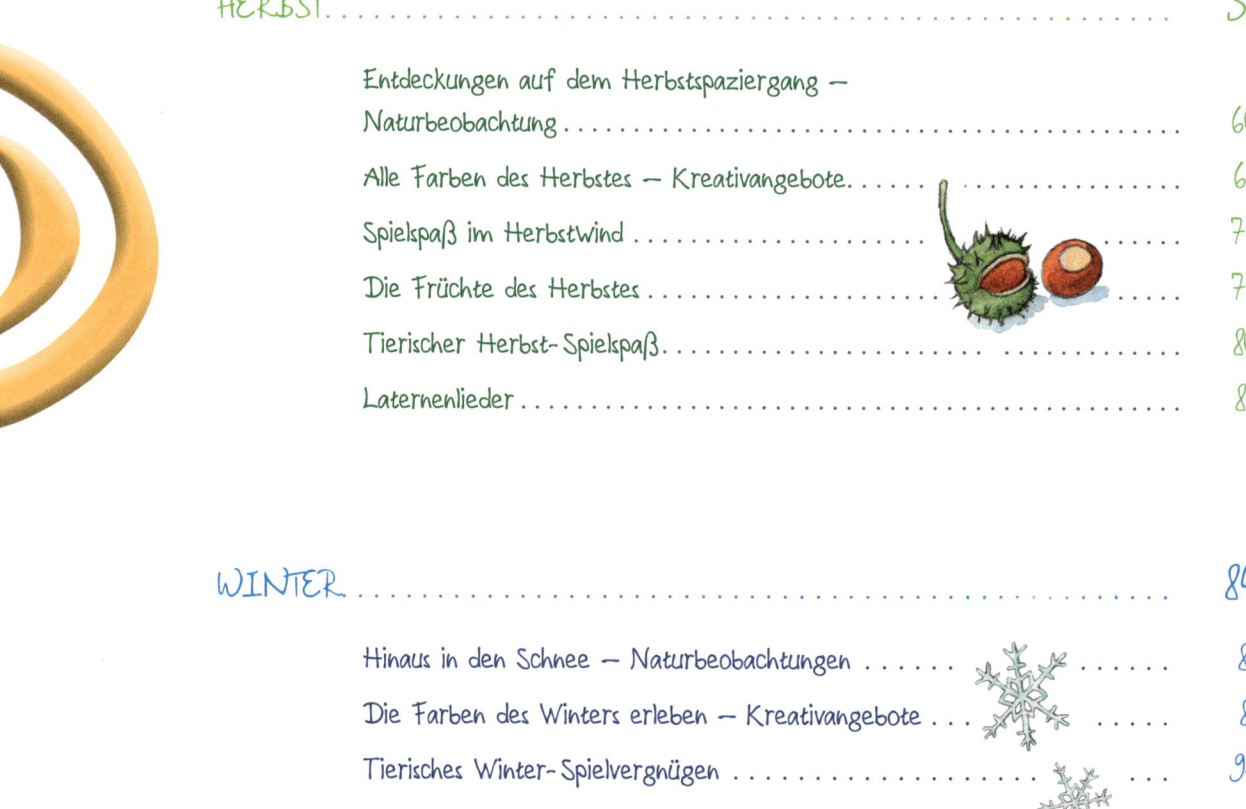

Vorwort

Eine zunehmende Zahl von Kindern unter drei Jahren besucht heute eine Krippe oder eine Tagespflege. Von Erzieherinnen und Tagespflegepersonen, die die Aufgabe haben, so junge Kinder zu betreuen, wird nicht nur erwartet, sich um das körperliche Wohl der ihnen Anvertrauten zu kümmern; auch die Förderung der sozialen, emotionalen und geistigen Entwicklung der Kinder gehört zu ihren Aufgaben. Mein Anliegen ist es, Bildung für Kinder unter drei Jahren zu ermöglichen. Dieses kann gelingen, wenn wir Kindern Gelegenheit geben, bereits in jungen Jahren unsere kulturelle Welt kennenzulernen. Daraus folgt für die tägliche Praxis, schon mit den Jüngsten Lieder zu singen und Reime aufzusagen, ihnen Finger- und Bewegungsspiele oder Kreativarbeiten anzubieten und vielleicht sogar schon kleine Experimente.

Bei den vielen Angeboten, die Pädagogen den Kindern machen, beeinflusst die Jahreszeit die Auswahl der Spiele, Kreativangebote und Lieder, denn die Naturerscheinungen sind jeweils mit besonderen Stimmungen verbunden. Ob die Sonne scheint oder es regnet, macht für die Arbeit mit Kindern einen großen Unterschied, und der Witterung entsprechend wird man Lieder, Spiele oder Kreativangebote aussuchen.

Junge Kinder erleben den Wechsel der Jahreszeiten mit ihren speziellen Erscheinungsformen, die Veränderungen in der Natur mit Sonne, Regen, Wind und Sturm, Schnee, Hagel und Eis irgendwann das erste Mal bewusst in ihrem Leben; dann staunen sie, wenn sie aus dem Fenster schauen oder in den beschneiten Garten treten, und sie sind fasziniert von dem, was es neu zu sehen und zu beobachten gibt.

Monika Klages

Einleitung

Arbeiten mit diesem Buch

Dieses Buch greift die Stimmungen der Jahreszeiten auf und bietet für den pädagogischen Alltag Angebote, die sich auf die Jahreszeiten beziehen und für Kinder unter drei Jahren geeignet sind.

Die Vorschläge für Naturbeobachtungen, Kreativarbeit, Lieder, Verse, Finger- und Bewegungsspiele verzichten auf eine genaue Altersangabe für die Kinder. Meine Erfahrungen in den letzten Jahren haben gezeigt, dass Entwicklungsstand und Interesse der Kinder bei gleichem Alter sehr verschieden sein können. Die Erzieherin kann in der Regel am besten entscheiden, welche Angebote für ihre Kinder passen, da sie sie gut kennt und weiß, was sie anspricht.

Naturbeobachtungen

Die Natur zu erkunden macht kleinen Kindern Spaß. Durch die Erkundung der Natur lernen die Kinder ihre Umwelt kennen. Sie spüren verschiedene Wetterphänomene auf der eigenen Haut und nehmen somit auch Unterschiede der Außentemperatur wahr. Sie beobachten verschiedene Tiere und Pflanzen und erkennen mit der Zeit, dass es viele verschiedene Arten zu entdecken gibt.

Kreativangebote

Die Kreativangebote können abgewandelt und variiert werden. Aufgrund ihrer Beobachtung der Kinder wird die Erzieherin feststellen, was ihnen besondere Freude bereitet und welche Erfahrungen mit Materialien und Werkzeugen die Kinder gern machen möchten. Dabei ist Wiederholung für die Entwicklung der Kinder wichtig: Sie können das Gelernte besser behalten, können einen Vorgang nach ihren Vorstellungen abändern und/oder ihn selbstständig ausführen. Auch wenn Kinder unter drei Jahren sich in der Regel noch nicht gegenständlich kreativ ausdrücken können, sehen sie sehr wohl in ihren Malereien Dinge, die sie sich vorstellen. Es geht ihnen aber häufig nicht um das Ergebnis, sondern um das Ausprobieren von Werkzeugen und Materialien. Dabei benutzen sie die Werkzeuge oft in sehr ungewöhnlicher Weise, und sie testen die Eigenschaften von Materialien bis an deren Grenzen aus. Die Erzieherin wird überrascht sein, auf welche Ideen die Kinder kommen. Auf diese Weise können sich die Kinder bereits mit den Menschen, Dingen und Phänomenen der Welt um sie herum auseinandersetzen und ihre Vorstellungen davon überprüfen und neu ordnen.

Stellt man die Bilder und Objekte der Kinder im Gruppenraum aus, können sie sich später an die Aktion erinnern.

Spiel mit der Handpuppe

Kleine Vorführungen mit einer Handpuppe regen die Kinder zum Mitspielen und zum Denken an. Auch wenn sie schon erkennen, dass die Figur künstlich ist, lassen sie sich gern von kleinen Abenteuern der Handpuppe und ihren Geschichten begeistern.

Während des Spiels mit der Handpuppe können die Kinder selbst Akteure sein, sie können das Spiel steuern, entweder durch Zeigegesten oder durch verbale Äußerungen.

Fingerspiele und Verse

Fingerspiele bereiten den Kindern viel Freude, sie werden immer von Sprechen und körperlichen Übungen begleitet, lassen sich beliebig wiederholen und unterstützen gleichzeitig die Wahrnehmung und Sinnesentwicklung der Kinder. Eincrscits fordern Fingerspiele zu Bewegungen auf, andererseits erfahren die Kinder bei diesen Spielen Entspannung. Auch das Zahlenverständnis wird mittels Fingerspielen gefördert, werden doch die Verse in Verbindung mit einer Geschichte und häufig mit einer bestimmten Abfolge der einzelnen Finger aufgesagt. Fingerspiele bereiten nicht nur Freude, sondern sie tragen auch dazu bei, dass die Erzieherin mit einem Kind und mit einer Gruppe schnell Kontakt aufnehmen kann und so rasch eine Beziehung zu neuen Kindern in der Gruppe aufgebaut werden kann.

Die Verse sind von Dichtern für und über Kinder gereimt worden oder sie sind allgemeines Kulturgut; sie sollen Kindern Freude bereiten und stellen kleine Sprachspiele dar. Mit Hilfe der Reime erlernen Kinder unbewusst alle konsonantischen und vokalischen Laute. Reime sprechen alle Muskeln im Mund- und Rachenraum an und können sogar einen therapeutischen Wert haben.

Lieder

Die im Buch vorgeschlagenen Lieder sind größtenteils Volkslieder. Wenn sie sich auf eine bestimmte Jahreszeit oder auch eine Tageszeit beziehen, so drücken sie durch den Text und die Melodie die entsprechende Stimmung aus.

Auf den ersten Blick erscheinen einige der Lieder vielleicht antiquiert oder noch nicht angemessen für so junge Kinder, aber ihre eingängigen und lange bewährten Melodien erleichtern das Erlernen und Behalten. Die poetischen Texte müssen nicht gleich verstanden werden; sie vermitteln aber bereits ein Gefühl für Sprache und Sprachklang, und gleichzeitig lernen die Kinder einen wesentlichen Bestandteil unserer Kultur kennen.

Spiele und Bewegung

Spiele und Bewegung sind für Kinder unabdingbar, durch sie können die Kinder die Welt entdecken, sich mit der Umwelt auseinandersetzen und ihren eigenen Körper kennenlernen. Bewegungen und Spiele fördern und verbessern die Koordination, und je öfter die Kinder etwas üben oder wiederholen, desto leichter fällt es ihnen, die Bewegungen mit mehr Ausdauer auszuführen.

Gerade bei Kindern unter drei Jahren haben wir es mit stark unterschiedlichen Entwicklungsstadien zu tun, einige können vielleicht gerade erst aufrecht sitzen, während andere schon munter herumrennen. Die Erzieherin kann am besten beurteilen, wie sie ein Spiel vorschlägt, ob es beispielsweise im Sitzen oder Stehen durchgeführt werden soll. Sehr junge Kinder können auf den Schoß genommen werden und erleben so die Rhythmik der Bewegung direkt mit oder sie schauen den älteren Kindern beim Spiel zu und lernen es auf diese Weise kennen, bis sie selbst mitmachen können.

FRÜHLING

Zur Einstimmung

Allmählich wird es morgens heller und Licht durchflutet die Räume. Der Frühling ist da. Die Vögel fangen an, ihre Nester zu bauen, und in der Frühe kann man ihr Gezwitscher hören. An den Bäumen und Sträuchern zeigen sich nur kleine Knospen, aber dann erwacht die Natur aus dem Winter: Es wird wieder grün, und kleine Blätter sind zu sehen.

Nachts ist es im Frühling manchmal noch sehr kalt, doch jeden Tag wird es wärmer. Manchmal kommt es jedoch vor, dass ein Frühlingssturm übers Land peitscht und alles durcheinanderwirbelt.

Die Kinder wollen jetzt hinaus, sie möchten im Garten spielen und zum Spielplatz gehen. Die vielen Pflanzen und bunte Blüten locken sie aus den geschlossenen Räumen hinaus. In dieser Zeit blühen schon viele Blumen, das Gras ist grün und viele Bäume tragen Blätter. Scheint die Sonne, wird einem schnell warm, Schals und Mützen bleiben zu Hause liegen.

Frühling ist die Zeit des Aufbruchs, jeden Tag verändert sich die Natur vor unseren Augen. Es gibt täglich etwas Neues zu sehen. In Wäldern und Gärten wird es zunehmend bunter, weil aus Blattknospen Blätter werden und die ersten Blumen blühen: Perlhyazinthen, Osterglocken, Primeln und Tulpen erfreuen Erwachsene und Kinder mit ihren Farben. Für Kinder ist es eine schöne Zeit voller kleiner und großer Entdeckungen.

Projektideen

Die folgenden Einzelangebote zum Thema Frühling können Sie wie in einem Baukasten zu einem Mini-Projekt zusammenfügen, dabei Akzente setzen auf die Themen und Umsetzungsformen, die die Kinder in ihrer Gruppe besonders interessieren.

- Ostern
- Der Frühling erwacht
- Blumen im Frühling
- Frühjahrsobst und/oder -gemüse
- Tiere des Frühlings
- Die Natur erkunden
- Farben des Frühlings: gelb, blau und grün

Was wächst denn da? – Naturbeobachtungen

Blumenzwiebeln pflanzen

Material: *Blumentöpfe, Erde und Blumenzwiebeln, kleine Schaufel*

Wenn der Frühling in der Natur mit seinem Einzug noch auf sich warten lässt, so kann man ihn doch schon in die Krippe holen. Dafür eignen sich Frühblüher wie Narzissen oder Perlhyazinthen. Die Kinder können Blumenzwiebeln in Töpfe pflanzen und beobachten, wie sie sich entwickeln. Sie sehen, wie die Blumen aufblühen und können die speziellen Düfte der Blüten wahrnehmen.

Kresse selbst säen und ernten

Material: *Tonuntersetzer (Gartenbedarf) mit 6 cm Durchmesser, Wattepads, Kressesamen*

Durchführung: Die Kinder legen ein Pad auf den Untersetzer, streuen Samen auf die Unterlage und begießen sie. Jeden Tag werden die Samen angefeuchtet, bis sie aufgehen und z. B. mit Quark gegessen werden können.

> **Tipp**
> Passend zu diesen Angeboten können die Lieder „Jetzt fängt das schöne Frühjahr an" (siehe Seite 26) oder „Kommt ein Vogel geflogen" (siehe Seite 27) gesungen werden.

Pusteblume

Ab April fängt der Löwenzahn an zu blühen. Auf Spaziergängen mit den Kindern kann man ihn entdecken, seine leuchtend gelbe Farbe bewundern, sich die Zacken der Blätter anschauen, einige Exemplare abpflücken und in der Kita in ein Glas stellen.

Bei einem weiteren Ausflug entdeckt man, dass sich aus dem gelb blühenden Löwenzahn eine Pusteblume entwickelt hat. Die Pflanze mit den Samen stellt ein sehr zartes Gebilde dar. Die Kinder betrachten die Pusteblume, sie sehen sich die Flugschirme an und pusten sie vom Stängel.

Die ersten Erdbeeren

Erdbeeren sind die ersten Früchte der Frühjahrssaison. Sie schmecken nicht nur gut, sondern sehen auch hübsch aus.

Die Kinder können die Erdbeeren mit allen Sinnen erkunden. Sie sehen die rote Farbe und gelben Pünktchen, sie ertasten die unebene, leicht samtige Oberfläche, sie riechen die Aromen und schmecken den süßen Geschmack.

Die Farben des Frühlings erleben – Kreativangebote

Eine Welt ohne Farbe können wir uns nicht vorstellen. Im Frühling freuen wir uns, wenn das Gras und die Blätter im hellen Gelbgrün erscheinen und die Blumen in den unterschiedlichsten Farben erblühen; auch der Himmel erstrahlt in einem hellen Blau. Man bekommt das Gefühl, als hauchten die Farben der Natur Leben ein. Für Kleinstkinder sind die Farben im Frühling wie ein Wunder, einige von ihnen erleben sie zum ersten Mal bewusst in ihrem Leben.

Der Begriff „Farbe" beinhaltet aber auch den Werkstoff Farbe; für die Krippenkinder kann das zum Beispiel Wasserfarbe, Fingerfarbe, Gouache sein, es kann sich aber auch um farbige Stifte und Kreiden handeln. Dehnt man den Begriff auf andere Materialien aus, eröffnet das für Kinder eine Reihe von Möglichkeiten, mit unterschiedlichen Werkstoffen und Werkzeugen Farben zu verwenden, sie zu verändern und mit ihnen zu experimentieren.

Farben mischen

Material: *Zeichenkarton, Kreppklebeband, Palette oder Teller, Pinsel, Stupfpinsel (1,3 cm, 3 cm und 4 cm Durchmesser), verschiedene flüssige Farben (z. B. rot, blau, gelb), Buntstifte, Wasser*

Vorbereitung: Auf einer Palette die Farbe verteilen, Stupfpinsel und Pinsel bereitlegen. Den Malgrund mit Kreppband befestigen, so hat das Kind beide Hände frei und braucht das Blatt nicht festzuhalten.

Durchführung: Mit einem Pinsel, und wenn sie wollen mit Wasser, mischen die Kinder die Farben. Das können sie sowohl auf dem Malgrund als auch auf der Palette tun. Die Kinder bestimmen, wie hell oder dunkel ihr selbst hergestellter Farbton ausfällt, indem sie mehr oder weniger von den Farben nehmen und die Farben mit mehr oder weniger Wasser vermischen.

Dann tupfen sie mit dem Stupfpinsel in die Farbe hinein und malen auf das Papier. Sie probieren alle Pinselgrößen aus.

Stempeln

Material: *Korken, flüssige Farbe, weißer Zeichenkarton*

Durchführung: Die Kinder nehmen mit dem Korken Farbe auf und stempeln sie auf weißes Papier.

Malen mit gewöhnlichen und wasservermalbaren Wachsmalkreiden

Material: *weißer Tonkarton DIN A4, Pinsel, Wasser, farbige Wachsmalstifte, farbige wasservermalbare Wachsmalstifte*

Durchführung: Die Kinder malen mit den Wachsmalstiften und wasservermalbaren Wachsmalkreiden. Anschließend nehmen sie einen Pinsel, tauchen ihn ins Wasser und fahren damit über das Gemalte. Sie schauen, was dann passiert.

Schaumstoffroller und Stupfpinsel

Material: Fotokarton, flüssige Farbe, Schaumstoffroller, Palette, Stupfpinsel in drei Größen

Durchführung: Zuerst grundieren die Kinder mit dem Schaumstoffroller und einer Farbe den Fotokarton. Farbe trocknen lassen. Auf die Palette zwei Farben nach Wahl der Kinder geben. Mit dem Stupfpinsel Punkte auf den Untergrund drücken.

Narzissen (Osterglocken)

Osterglocken sind typische Blumen, die für den Beginn des Frühlings stehen, sie erfreuen uns mit ihrer gelben Farbe. Es gibt viele farbliche Varianten, die uns motivieren, mit den gelben Farbtönen zu experimentieren.

Vorbereitung: Die Kinder betrachten die Osterglocken, riechen an den Blüten und benennen vielleicht schon die Farbe der Blüte, die nun die Vorlage für das Kreativangebot bildet.

Material: Osterglocken, Sortiment an verschiedenen gelben Buntstiften, Zeichenpapier, Kreppband, Tonkarton

Durchführung: Die Erzieherin klebt Zeichenpapier für jedes Kind fest. Die Kinder probieren alle gelben Stifte aus und nehmen die unterschiedlichen Gelbtöne wahr.

Tipp
Die Kinder können dies auch mit andern Farben ausprobieren.

Collage aus verschiedenen Papiersorten

Material: *verschiedene bunte Papiere, Bastelpapier, farbiger Tonkarton, Klebstoff/Kleister (Leim), transparenter Behälter*

Vorbereitung: buntes Papier sammeln, z. B. Geschenkpapier und Einwickelpapier

Durchführung: Zuerst zerreißen die Kinder eine Papiersorte, die anschließend in einem transparenten Behältnis aufbewahrt wird. Dann weiter mit den anderen Papieren ebenso verfahren.
Die Kinder versehen einen farbigen Fotokarton mit Klebstoff und nehmen sich aus dem Papiersortiment Schnipsel und kleben sie auf den Untergrund.

Aus gelbem und blauem Transparentpapier entsteht Grün

Material: *gelbes und blaues Transparentpapier, Prospekthüllen*

Vorbereitung: Wenn ein Leuchttisch in der Kita vorhanden ist, diesen bereitstellen, Prospekthüllen besorgen.

Durchführung: Die Kinder zerreißen das Papier in einige Stücke und legen sie dann übereinander. Am Leuchttisch können sie beobachten, was passiert und welche Möglichkeiten bestehen, wenn sie das Papier schichten oder einzeln betrachten.
Die Kinder können das Experiment auch an der Fensterscheibe durchführen. Das Transparentpapier in eine Prospekthülle stecken und am Fenster befestigen. Das Licht scheint durch das Papier, und die Kinder sehen, dass auch auf diese Weise eine grüne Farbe erscheinen kann.

Variation: Die Kinder bekommen auch rotes Transparentpapier zur Verfügung gestellt und können andere Farbkombinationen ausprobieren.

Ideen zu Ostern

Die Frühlingszeit bestimmt nicht nur das Erwachen der Natur, sondern zeichnet sich auch durch die Freude der Menschen auf das Osterfest aus. In dieser Zeit beschäftigen sich die Kinder mit Eiern, sie gestalten sie, nehmen an Kreisspielen mit „Hasen" teil, lassen sich Geschichten und Reime vom Osterhasen vorlesen und erleben das Osterfest als ein schönes Fest für Kinder.

Osterhäschen, komm zu mir

(überliefert)

Osterhäschen, komm zu mir,
komm in uns'ren Garten!
Bring uns Eier, zwei, drei, vier,
lass uns nicht lange warten!
Leg' sie in das grüne Gras,
lieber, guter Osterhas!

Durchführung: Der Vers regt die Kinder an, selbst einen Osterhasen darzustellen, indem sie ihre Hände wie Ohren an den Kopf halten, vier Finger nacheinander hochhalten und dann so tun, als ob sie Eier in das Gras legen würden.

Küken mit Märchenwolle gestalten

Material: *naturfarbene und gelbe Märchenwolle, Flüssigseife, Wasser, Buntstift*

Durchführung: Aus Märchenwolle einen kleinen Ball formen. Den Ball ganz mit dem seifenversetzten Wasser nass machen. Dann kneten und rollen die Kinder den durchtränkten Ball mit den Händen, sodass etwas Schaum entsteht und die Wolle verfilzt. Daraus formen die Kinder ein Küken. Zum Schluss malen die Kinder mit einem roten Buntstift einen Schnabel auf das Küken.

Häschen in der Grube

Text: nach Friedrich Fröbel, Melodie: Karl Enslin

Häs-chen in der Gru-be saß und schlief,
saß und schlief. Ar-mes Häs-chen, bist du krank,
dass du nicht mehr hüp-fen kannst? Häs-chen, hüpf!
Häs-chen, hüpf! Häs-chen, hüpf!

2. Häslein in der Grube
   nickt und weint.
   Doktor komm geschwind herbei
   und verschreib' ihm Arznei.
   Häschen schluck!

3. Häslein in der Grube
   hüpft und springt.
   Häschen bist du schon kuriert?
   Hui das rennt und galoppiert!
   Häschen hopp!

4. Häslein hinter Bäumen
   nickt und lacht.
   Liebes Häslein nicht so schnell,
   nimm mich mit zum frischen Quell,
   Häslein hüpf!

Durchführung: Die Kinder bilden einen Kreis und singen das Lied. Dazu machen sie die im Lied beschriebenen Bewegungen.

Besuch vom Hasen – Spiel mit einer Handpuppe

Schon kleine Kinder verfolgen aufmerksam das Spiel mit Handpuppen. Zur Osterzeit bietet sich eine Hasengeschichte an. Auf keinen Fall soll die Handpuppe instrumentalisiert werden und zum Beispiel die Funktion übernehmen, für Ordnung im Gruppengeschehen zu sorgen. Daraus könnte leicht eine Aversion gegenüber diesem doch so wertvollen Rollenspiel entstehen.

Der Hase zum Beispiel sollte eher etwas Unerlaubtes tun, häufig mutig sein, aber auch einmal Angst haben, am Ende aber alle Hindernisse bewältigen.

Die Spielleitung denkt sich eine Geschichte aus oder probiert die hier vorgeschlagene aus.

Material: *Handpuppe in Form eines Hasen, ungefärbte Hühnereier; evtl. als Dekoration für den Gruppenraum: Kunstdruck von Paula Modersohn-Becker „Mädchen mit Kaninchen"*

Durchführung: Die Erzieherin erzählt mit Hilfe der Handpuppe eine Hasengeschichte.

Der Osterhase

Ich bin der Hase und besuche euch heute. Guten Morgen Kinder! Seht mich an, ich habe große, lange Ohren und hübsche Zähne. An den Ohren und an den Zähnen könnt ihr mich erkennen. Wollt ihr wissen, was ich zu tun habe? Bald ist Ostern und ich bin dabei, Eier zu bemalen. Ich habe euch ein Ei mitgebracht. (Der Hase zeigt den Kindern ein Hühnerei.) Das Ei bemale ich. Aber zuerst muss ich für die Eier Farben und einen Pinsel besorgen. Wer von euch möchte ein rotes Ei haben? Wer ein Blaues? Wer möchte ein Gelbes? Nun muss ich mich verabschieden, damit ich alle Eier zu Ostern fertig bemalt habe.

Der Hase kann die Kinder immer wieder besuchen und erzählen, was er erlebt hat, z. B. welches Wetter ihn überrascht hat, dass er die Farben durcheinandergebracht hat – die Kinder helfen beim Benennen der Farben. Oder der Hase greift Ereignisse aus dem Gruppengeschehen auf wie Geburtstage oder Ausflüge.

Unterm Baum im grünen Gras

(überliefert)

Unterm Baum im grünen Gras
sitzt ein kleiner Osterhas'!

Die Kinder knien oder sitzen.

Putzt den Bart und spitzt das Ohr,
macht ein Männchen, guckt hervor.

Über die Nase wischen,
„Männchen" machen,

Springt dann fort mit einem Satz –
und ein kleiner frecher Spatz

durch den Raum springen.

schaut jetzt nach, was denn dort sei.
Und was ist's? Ein Osterei!

Ein Vogelnest

Material: *Stöcke, Zweige, Grashalme, Federn, Heu*

Vorbereitung: Mit den Kindern kleine Stöcke und Zweige und auch Grashalme sammeln.

Durchführung: Mit Hilfe der Erzieherin wird aus den größeren Stöcken ein Gerüst für ein Nest geformt. Die Kinder „weben" die kleinen Zweige, Grashalme und Federn in dieses Gerüst hinein, sodass es aussieht wie ein richtiges Nest. Zum Schluss wird es mit Heu ausgepolstert.

Eier für die kleinen Küken

Material: *Luftballon; Kleister; weiße Papierschnipsel; braune, weiße, gelbe Farbe; Zahnbürste; Sieb; Messer*

Vorbereitung: Kleister anrühren, die Kinder zerreißen weißes Papier

Durchführung: Den aufgeblasenen Luftballon mit Kleister und Papierschnipseln ummanteln. Um die Farbe der Eier von Vögeln naturgetreu nachzubilden, mischen die Kinder Braun, Weiß und Gelb zusammen. Die Sprenkel der Eier werden mit Spritztechnik ausgeführt. Mit einer Zahnbürste, einem Sieb und der verdünnten braunen Farbe spritzen die Kinder diese auf das Ei.

Nun trocknen die Eier. Danach werden sie mit Hilfe eines Messers von der Erzieherin in Zickzackmustern aufgeschnitten.

Die Kinder legen die Küken in das Ei und das Ei legen sie in das Nest.

Jetzt fängt das schöne Frühjahr an – Lieder und Bewegungsspiele

Wie gerne empfängt man den Frühling mit Liedern. Wenn die Frühlingssonne scheint, geht es mit den Kindern hinaus in die Natur zu einem Spaziergang auf eine Wiese oder in einen Park. Auch der Kitagarten mit seinen Pflanzen, Büschen und Bäumen bietet sich zu einer kleinen Erkundungstour an. Hier kann man mit den Kindern die Knospen der Pflanzen anschauen, an den Blüten riechen und das erste Grün entdecken.

Frühlingstanz

(überliefert)

Der Frühling, der ist himmelblau,
es weht ein laues Lüftchen.
Tücher auf und nieder wehen lassen,

Die Blümelein sie riechen gut
mit ihren tausend Düftchen.
Tücher kreisförmig in der Luft drehen,

Wie ein Vogel fühl ich mich,
das Herz wird mir so leicht,

könnt fliegen durch die Frühlingsluft,
grad in den Wald hinein.
mit den Chiffontücher „fliegen".

Material: *Chiffontücher*

Durchführung: Jedes Kind erhält ein Chiffontuch. Die Erzieherin zeigt, wie das Tuch auf und ab wehen kann, wie man es im Kreis bewegen kann, wie man mit seitlich ausgestrecktem Arm „Flügelschlagen" imitieren kann. Die Kinder probieren das aus. Bei Schoßkindern unterstützt die Bezugsperson das Schwingen des Tuches. Und dann wedelt die Gruppe zum Vers die Tücher.

Jetzt fängt das schöne Frühjahr an

Text und Melodie überliefert

1. Jetzt fängt das schö - ne Früh-jahr an und al - les fängt zu blü - hen an auf grü - ner Heid___ und ü - ber - all.

2. Es blühen Blümlein auf dem Feld,
   sie blühen weiß, blau, rot und gelb;
   es gibt nichts Schön'res auf der Welt.

3. Jetzt geh ich über Berg und Tal,
   da hört man schon die Nachtigall
   auf grüner Heid und überall.

Material: *Chiffontücher in weiß, blau, rot und gelb*

Durchführung: Die Kinder schwenken die Chiffontücher. Bei „Jetzt geh ich über Berg und Tal" die Knie anheben, bei „da hört man" die Hand hinters Ohr legen und dann wieder mit allen Tüchern winken. Je nach Alter der Kinder machen alle mit – auf dem Arm der Erzieherin, auf den Füßen der Erzieherin oder selbstständig. Stimmt man dieses Lied an, können sich die Kinder vielleicht an die Erkundungstour in die Natur erinnern, wie zum Beispiel an die aufgeblühten Blumen und das erste Grün am Laubwerk.

Kommt ein Vogel geflogen

Text und Melodie überliefert

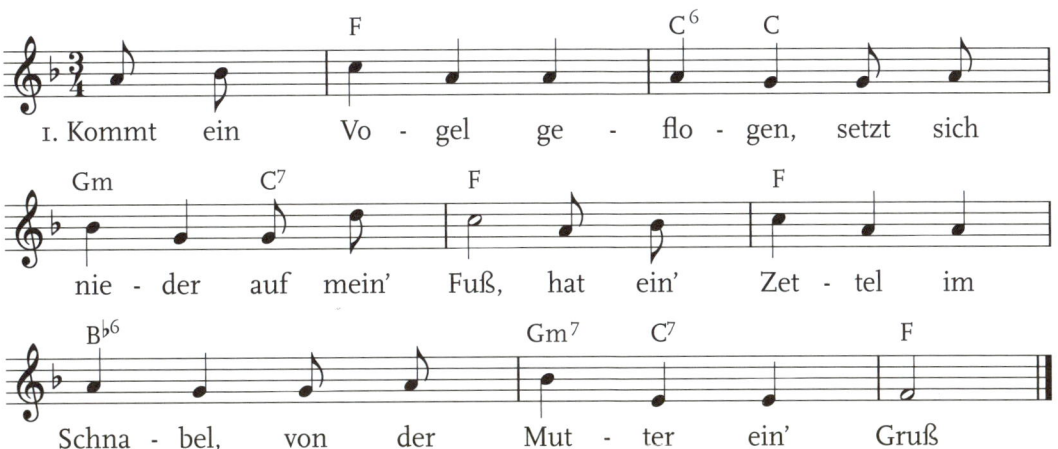

1. Kommt ein Vo - gel ge - flo - gen, setzt sich nie - der auf mein' Fuß, hat ein' Zet - tel im Schna - bel, von der Mut - ter ein' Gruß

2. Lieber Vogel, flieg' weiter,
   bring' ein' Gruß mit, und ein' Kuss;
   denn ich kann dich nicht begleiten,
   weil ich hier bleiben muss.

Durchführung: Die Kinder spielen jetzt häufiger im Außengelände und können die Vögel gut sehen. Die Kinder machen die Erfahrung, dass ein Vogel wegfliegt, wenn sie sich ihm nähern. Ein Lied, in dem ein Vogel vorkommt, singen die Kinder gerne.

27

Grün, grün, grün sind alle meine Kleider

Text und Melodie überliefert

1. Grün, grün, grün sind alle meine Kleider.
Grün, grün, grün ist alles was ich hab.
Darum lieb' ich alles was so grün ist,
weil mein Schatz ein Jäger, Jäger ist.

2. Rot, rot, rot sind alle meine Kleider,
rot, rot, rot ist alles was ich hab.
Darum lieb ich alles was so rot ist,
weil mein Schatz ein Reiter ist.

3. Blau, blau, blau sind alle meine Kleider,
blau, blau, blau ist alles was ich hab.
Darum lieb ich alles was so blau ist,
weil mein Schatz ein Matrose ist.

4. Schwarz, schwarz, schwarz
sind alle meine Kleider,
schwarz, schwarz, schwarz
ist alles was ich hab.
Darum lieb ich alles was so schwarz ist,
weil mein Schatz ein Schornsteinfeger ist.

5. Weiß, weiß, weiß sind alle meine Kleider,
weiß, weiß, weiß ist alles was ich hab.
Darum lieb ich alles was so weiß ist,
weil mein Schatz ein Müller ist.

Durchführung: Kinder beginnen sehr früh, sich für Farben zu interessieren. Sie können sie wiedererkennen und sie teilweise schon benennen. Für dieses Thema eignet sich dieses Lied sehr gut: Wenn die Kinder zum Beispiel „grün" singen, kann man innehalten und die Kinder zeigen auf ein grünes Kleidungsstück. Oder die Erzieherin legt farbige Tücher auf den Boden, und die Kinder versuchen, ein Tuch in der Farbe aufzuheben, die gerade im Vers genannt wird.

Der Mai, der Mai, der lustige Mai

Text und Melodie überliefert

1. Der Mai, der Mai, der lus - ti - ge Mai, der kommt her-
an - ge - rau - schet. Ich ging in den Busch und brach mir ei - nen
Mai, der Mai und_ der_ war_ grü - ne. Tra - la - la - la -
la - la, tra - la - la, der Mai und_ der_ war_ grü - ne.

2. Der Mai, der Mai, der lustige Mai
   erfreuet jedes Herze.
   Ich spring in dem Reih'n
   und freue mich dabei
   und sing und spring und scherze.
   Tra la la, tra la la la la la,
   und sing und spring und scherze.

Durchführung: Dieses stimmungsvolle Lied lädt die Kinder
zum Singen und Tanzen ein.

Klingelingeling, die Post ist da

(überliefert)

Klin - ge - lin - ge - ling, die Post ist da, klin - ge - lin - ge - ling aus
A - fri - ka, klin - ge - lin - ge - ling, noch ei - nen Schritt,
klin - ge - lin - ge - ling, und du kommst mit!

Durchführung: Die Kinder sitzen oder stehen im Kreis. Das Lied wird gesungen oder der Vers rhythmisch gesprochen.

Ein Kind ist der Postbote, es geht im Kreis herum und tippt ein Kind im Kreis an, das ihm folgt. Dieses Kind tippt wiederum ein Kind an usw., bis alle Kinder als „Postboten" im Kreis herumgehen.

Die Spatzen schrei'n in ihrem Nest

Text und Melodie überliefert

Die Spat - zen schrein in ih - rem Nest, als hät - ten sie ein

gro - ßes Fest: Fi - lipp - zipp - zipp, fi - lipp - zipp - zipp, und

vie - le, vie - le Gäst'. vie - le, vie - le Gäst'.

2. Vorbei ist nun Gesang und Schmaus,
   da fliegen sie zum Dach hinaus.
   |: Fi-lipp-zipp-zipp,
   fi-lipp-zipp-zipp
   und ruh'n ein wenig aus. :|

3. Der alte Spatz, der kluge Mann,
   der fängt mit seiner Rede an:
   |: Fi-lipp-zipp-zipp,
   fi-lipp-zipp-zipp
   hoch auf der Wetterfahn. :|

4. Miau, da kommt sie schon die Katz'
   und fängt sich einen dicken Spatz:
   |: Fi-lipp-zipp-zipp,
   fi-lipp-zipp-zipp
   sucht einen sich'ren Platz. :|

Durchführung: Die Kinder gehen im Kreis herum oder sitzen als Spatzen im Kreis. Wird die zweite Strophe angestimmt, flattern sie im Kreis umher. Bei der dritten Strophe singen alle Kinder das „Fi-lipp-zipp-zipp". In der letzten Strophe rennen alle Kinder vor der Katze weg.

SOMMER

Zur Einstimmung

Der Sommer ist die wärmste Jahreszeit; schon früh am Morgen wird es jetzt warm und es bleibt lange hell. Die Kinder tragen kurze Hosen und sie gehen in Sandalen oder barfuß. Wenn es sehr heiß wird, können sie in einem Planschbecken baden. Manchmal regnet es zwar, aber es wird auch schnell wieder warm und schön.

Alle Pflanzen sind nun grün; überall wachsen neue Zweige und Blätter und die ganze Natur ist in Bewegung. Das lässt sich auch an der Tierwelt beobachten, an Käfern, Grashüpfern, Schmetterlingen, Spinnen, Schnecken, Regenwürmern und anderen Tieren.

Der Sommer hält ein vielfältiges Angebot an Obst und Gemüse bereit, aus denen Speisen für die Kinder zubereitet werden können. Mittags gibt es jetzt heimische Früchte zum Nachtisch. Viele Kinder gehen mit ihren Eltern auch Erdbeeren pflücken oder kaufen sie auf dem Markt, wo Bauern frisches Gemüse, Kräuter und Obst anbieten.

Im Sommer verabschieden sich viele Kinder in die Sommerferien. Ende des Sommers wechseln einige Kinder, weil sie älter geworden sind, von der Krippe in den Kindergarten und jüngere Kinder kommen nach.

Projektideen

Bitte orientieren Sie sich bei den Projekten immer an den Themen der Kinder und greifen Sie das Interesse der Kinder auf!

- Wasser
- Wetter
- Tiere des Sommers
- Natur
- Obst im Sommer
- Blumen
- Seifenblasen
- Farben des Sommers: gelb, rot, orange

Raus ins Grüne – Naturbeobachtung

Das Rot der Mohnblume

Mohnblumen kündigen den Sommer an, sie erfreuen uns mit ihrer kräftigen roten Farbe.

Vorbereitung: Mohnblumen besorgen. Da aufgeblühte Mohnblumen nur selten einen Transport überstehen, ist es hilfreich, Knospen zu pflücken; sie öffnen sich schon nach kurzer Zeit und halten sich einige Tage in einer Vase.

Material: *aufgeblühte Mohnblumen, rotes Transparentpapier, Prospekthülle, Leuchttisch (oder Fensterscheibe einbeziehen)*

Durchführung: Die Kinder reißen das Transparentpapier in größere Stücke und legen es auf den Leuchttisch. Wenn kein Leuchttisch vorhanden ist, stecken sie das Papier in eine Prospekthülle und halten Sie sie an die Fensterscheibe. Dabei werden die Kinder erleben, wie die Farben des Transparentpapiers sich verändern; je mehr Lagen Papier, desto intensiver leuchten die Farben, besonders wenn das Sonnenlicht auf das Papier fällt.

Sommerregen

Manchmal regnet es im Sommer; die Natur braucht den Regen, damit die Pflanzen nicht vertrocknen und die Blumen uns weiter mit ihren Farben erfreuen. Wenn es stark regnet, sammelt sich in Vertiefungen Wasser und es entstehen Pfützen. Kinder fühlen sich von ihnen angezogen, können sie doch darin herumtrampeln, sich spiegeln oder mit Gefäßen Wasser aus ihnen schöpfen oder sogar kleine Dämme bauen. In Liedern (siehe Seite 43 ff.) und Versen (siehe Seite 43) können sie ihre Erfahrungen mit dem Regen vertiefen.

Schnecken,
die kleinen Gartenbewohner mit Haus

In unseren Gärten können Kinder heimische Bänderschnecken beobachten. Diese Tiere sind ungefährlich, und es ist drollig anzusehen, wie sie sich langsam vorwärts bewegen und mit dem kleinen Fühlerpaar die unmittelbare Umgebung abtasten. Das Schneckenhaus der Bänderschnecke ist einzigartig, kein Gehäuse gleicht dem anderen. Manchmal finden die Kinder ein leeres Schneckenhaus. Das findet vielleicht seinen Platz im „Überraschungskarton" (siehe Seite 39) oder wird in einem Relief verarbeitet (siehe Seite 40). Das Lied von der kleinen Schnecke (siehe Seite 48) hat in jedem Fall das Zeug zu einem Sommerhit.

Spinnen

Spinnen krabbeln an vielen Stellen herum. Sie spinnen ihre Fäden und fangen Insekten. Spinnen stechen nicht und man kann sie gut beobachten, weil sie nicht fortfliegen. Mit den Kindern beobachtet man dieses Tier, das sich durch seine acht Beine deutlich von Insekten unterscheidet.

Viel Freude macht den Kindern die Umsetzung des Beobachteten in einem Spinnen-Fingerspiel (siehe Seite 46).

Schmetterlinge

Wie kleine Kunstwerke sehen ihre Flügel aus – bunt und wunderschön anzuschauen. Sie flattern durch die Luft, und manchmal kann man sie genauer beobachten, wenn sie in der Sonne ihre Flügel ausbreiten. Aber lange verharren sie meist nicht an einer Stelle, wie schade! Aber in abwechslungsreichen Kreativangeboten können sich die Kinder mit dem Thema Schmetterlinge auseinandersetzen (siehe Seite 36 f.)!

Pfirsiche

Pfirsiche sind mal rot oder leicht orange, manchmal sogar dunkelrot und an einigen Stellen fast weiß. Sie sind nicht nur eine wohlschmeckende Frucht des Sommers, sondern sie können Ausgangspunkt sein für kreative Gestaltungsideen (siehe Seite 38).

Die Farben des Sommers erleben – Kreativangebote

Im Sommer hat sich die Natur in ihrer ganzen Pracht entfaltet: Die Blüten der Blumen zeigen alle nur erdenklichen Farben und Farbabstufungen. Überall wird jetzt frisches Obst angeboten; das Spektrum der warmen, intensiven Farben erstreckt sich vom hellen Rot der Tomaten über das Orange von Aprikosen und Pfirsichen bis zum Dunkelblau der Heidelbeeren und dem dunkelsten Violett der „schwarzen" Johannisbeeren.

Für Kinder ist diese Farbenpracht außerordentlich reizvoll; in dieser Zeit können sie die Farbtöne anhand von blühenden Blumen und von Obst kennenlernen. Sie beginnen, sich die Namen der Farben und der angebotenen Pflanzen und Früchte zu merken und freuen sich, wenn sie in der Kita die Möglichkeit bekommen, mit den vorhandenen Farbmitteln die Gaben der Natur auf ihre Weise darzustellen.

Kunterbunte Schmetterlinge

Kinder lieben Schmetterlinge, sie sind so luftig, hübsch anzusehen, sie stechen nicht und erfreuen uns mit ihren schönen Farben. Kinder können sie im Garten oder Park aus nächster Nähe beobachten. Diese Gattung der Insekten bildet eine schöne Vorlage für eine künstlerische Beschäftigung.

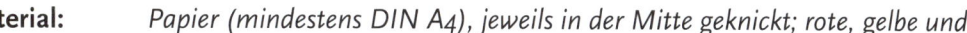

Schmetterlings-Klatschbilder

Material: *Papier (mindestens DIN A4), jeweils in der Mitte geknickt; rote, gelbe und blaue Tuschfarbe; Pinsel*

Vorbereitung: Beobachten Sie mit den Kindern Schmetterlinge im Garten und auf Abbildungen.

Durchführung: Die Kinder tupfen auf eine Hälfte des in der Mitte geknickten Blattes abwechselnd die drei Farben auf. Dann schlagen sie die nicht bemalte Seite um auf die bemalte und falten das Blatt anschließend auseinander. Sichtbar wird ein symmetrisches farbiges Gebilde, das einen bunten Schmetterling darstellen könnte.

Gedruckte Schmetterlinge

Material: *Zeichenpapier oder farbiger Tonkarton, Tempera, Teller, Keksausstechform mit dem Umriss eines Schmetterlings*

Vorbereitung: Jeweils eine Farbe auf einen Teller füllen.

Durchführung: Die Kinder benetzen die abgerundete Seite der Ausstechform mit Farbe und drucken auf Papier. Sie wiederholen den Vorgang mit anderen Farben. Auf diese Weise entsteht eine dreidimensionale Optik.

Tonschmetterlinge

Material: *Ton, Teigroller, Keksausstechform*

Durchführung: Zuerst walzen die Kinder ein Stück vom Ton platt, dann nehmen sie die Ausstechform und stechen damit einen Schmetterling aus. Den Tonschmetterling trocknen lassen. Danach kann er von den Kindern angemalt werden.

Samtige Pfirsiche

Pfirsiche schmecken gut, und sie sehen hübsch aus.
Ihre Oberfläche ist mit einer samtigen Behaarung
überzogen. Da es zwei verschiedene Sorten gibt,
nämlich weiß- und gelbfleischige, empfiehlt es
sich, beide zu besorgen. Die Kinder probieren die
Pfirsiche und stellen vielleicht fest, dass es auch Unterschiede im Geschmack gibt.

Material: *Pfirsiche; Luftballons (von der Erzieherin aufgeblasen); Borstenpinsel; gelbe, orange und rote Temperafarbe; flache Teller oder Deckel in ca. 8 cm Durchmesser; Wassergläser; Tonkarton; Kreppklebeband*

Durchführung: Zuerst betrachten die Kinder die Pfirsiche, und die Erzieherin spricht mit ihnen über die Farbtöne. Dann können sie die Oberfläche berühren, die sich samtig weich anfühlt.

Die Kinder bekommen auf einem großen flachen Teller die unterschiedlichen Temperafarben. Den Luftballon drücken sie in die Farbe und stempeln damit auf den Tonkarton. Diesen Vorgang können sie beliebig wiederholen. Die unverdünnte Tempera hinterlässt eine dreidimensionale Optik, sodass der Eindruck einer samtigen Oberfläche entsteht.

Pfiffiges aus Fundstücken

Kleine Kinder sind große Sammler.
Bei den Spaziergängen im Sommer
bringen sie Tannenzapfen, Schnecken-
häuser, Federn, Steinchen oder kleine
Stöckchen mit. Wohin mit den kost-
baren Fundstücken?

Überraschungskarton für Kostbarkeiten

Ein Schuhkarton, den jedes Kind selbst gestaltet, nimmt die Kostbarkeiten auf. Und in den Sommerferien nimmt jedes Kind seinen Karton mit nach Hause und sammelt darin seine Ferien-Fundstücke: die kleinen Dinge und Objekte wie beispielsweise Muscheln, die die Kinder am Strand gefunden haben oder kleine Taue, Schoten, getrocknete Seesterne und Algen. Oder im Wald und am Feldesrand Entdecktes wie Getreidehalme, Blätter, Federn, getrocknete „Nasenkneifer" (Ahornfrucht), Nuss-schalen der letzten Saison oder Fruchtbecher von Eicheln ...

Spätestens nach der Sommerpause können die Kinder zeigen, was sie gesammelt haben. Die Materialien inspirieren zum Gestalten und Verarbeiten.

Wildes Weben

Material: *Pappe (zugeschnitten auf 16 cm x 16 cm große Quadrate), grobe Schnur (Gartenschnur aus Jute)*

Vorbereitung: Die Erzieherin stellt für jedes Kind einen Webrahmen her, die Kinder schauen dabei zu: Die Pappquadrate etwa 6 mal mit der Schnur um-wickeln.

Durchführung: Jedes Kind wählt aus seinem Überraschungskarton geeignete Objekte heraus (flache Objekte sind gut geeignet) und steckt sie zwischen die Schnüre.

Fundstücke-Relief

Fundstücke – nicht nur die aus dem Sommerurlaub – sind
gut geeignet für die Herstellung eines kleinen Reliefs. Schoten,
Bänder, kleine Steine oder kleine Erlenzapfen, Getreidehalme,
Nasenkneifer, halbe Walnussschalen und Eicheln lassen sich gut
verarbeiten.

Material: *Fundstücke aus der Überraschungskiste, Modelliermasse, Kuchenrolle
(Teigroller)*

Vorbereitung: Die Erzieherin unterstützt die Kinder beim Ausrollen der Modelliermasse, sodass eine etwa 4 mm dicke Scheibe entsteht

Durchführung: Die Kinder können nun ihre Objekte mit den Händen in die Modelliermasse drücken und die Gegenstände wieder abnehmen. Da entstehen interessante Spuren.
Sehr flache Gegenstände wie Getreidehalme, Nasenkneifer, Schoten
oder Blätter können die Kinder mit dem Kuchenrolle in die Masse
walzen. Dann nehmen sie die Dinge ab. Auf diese Weise ergeben sich
sehr feine Strukturen.

Variation: Eine andere Möglichkeit besteht darin, die Gegenstände eingedrückt
in der Modelliermasse zu belassen, es entsteht eine Art Mosaik.
Die Reliefs an der Luft trocknen lassen.

Seifenblasen

Seifenblasen sind durchsichtig, bunt und flüchtig. Eine Seifenblase bleibt nur für Augenblicke stabil; berührt sie andere Gegenstände, ist es schon vorbei mit ihr. Trotz ihrer Gehaltlosigkeit üben die Gebilde auf Kinder eine Faszination aus. Schon vor 500 Jahren haben Kinder sich mit ihnen beschäftigt.

Material: *Seifenblasen*

Durchführung: Die Kinder beschäftigen sich mit Seifenblasen, pusten sie in die Luft und beobachten, was mit ihnen passiert.

Dreidimensionale Seifenblasen

Material: *bunte Knete, Teigrolle, runde Kunststoffverschlüsse*

Durchführung: Jedes Kind erhält einen Klumpen bunter Knete, den es mit einer Kuchenrolle plattwalzt. Dann sticht das Kind mit den Kunststoffverschlüssen Kreise aus der Knete aus.

Variation: Die Kinder dürfen verschiedenfarbige Knete zusammen mischen. Dadurch entsteht eine Marmorierung, die wie bunte Seifenblasen aussieht.

Spielspaß im Sommerregen

Manchmal regnet es im Sommer, und das ist eine feine Sache. Der Regen lädt ein, durch Pfützen zu patschen und so richtig pudelnass zu werden. Es gibt aber auch viele Spielideen für drinnen, die die Kleinsten begeistern.

Der Besuch der neugierigen Maus – Spiel mit der Handpuppe

Vorbereitung: Eine Handpuppe in Form einer Maus besorgen. Die Erzieherin übernimmt die Rolle der Maus, die sich vor dem Regen ins Haus geflüchtet hat.

Durchführung: *Hallo liebe Kinder, ich möchte euch heute besuchen. Eigentlich lebe ich draußen im Garten zwischen den Blumen und Sträuchern, ganz in der Nähe eurer Sandkiste.*

Hier kann die Erzieherin die Dinge und Pflanzen aufzählen, die sich in unmittelbarer Nähe der Sandkiste befinden.

Ihr habt es ja auch schon gemerkt. Heute regnet es. Eigentlich macht mir der Regen nichts aus. Mein Fell wird ein bisschen nass. Aber das ist nicht schlimm, wird ja wieder trocken. Doch heute wart ihr nicht an der Sandkiste und mir wurde es langweilig. Ich gucke euch nämlich gern beim Spielen zu. Da habe ich mir überlegt, ich besuche euch mal. Ihr habt hier drin bestimmt viele Spielsachen.

Die Maus sieht sich im Raum um und entdeckt zum Beispiel einen Ball. Oder sie bittet die Kinder, ihr Spielsachen zu zeigen.

Ja, was ist denn das? Was kann man damit machen?

Vielleicht können einige Kinder schon antworten oder sie machen vor, wie sie damit spielen.

Mhm, ich sehe schon. Ihr habt viel Spaß hier drin. Aber ich kann euch nur sagen: Draußen gibt es jetzt bestimmt schon große Pfützen. Und ihr könntet mit euren langen Beinen durch die Pfützen patschen. Das kann ich mit meinen kurzen Beinen nicht. Zu viel Wasser. Deshalb geh ich jetzt schwuppdiwupp wieder zurück in mein trockenes Mäuseloch.

Es regnet, es regnet, es regnet seinen Lauf

Text und Melodie überliefert

1. Es reg - net, es reg - net, es reg - net sei - nen Lauf,

und wenn's ge - nug ge - reg - net hat, dann hört es wie - der auf.

Durchführung: Dieses Lied singen die Kinder, wenn es regnet.
Sie klatschen dabei in die Hände.

Regenwetter

(Friedrich Halm)

Was ist das für ein Wetter heut!
Es regnet ja wie toll!
Die Straße ist ein großer See,
Die Gosse übervoll.

Der Sperling duckt sich unters Dach,
So gut er eben kann,
Und Nero liegt im Hundehaus
Und knurrt das Wetter an.

Wir aber haben frohen Mut
Und sehn dem Regen zu,
Erzählen uns gar mancherlei
Daheim in guter Ruh.

Lass regnen, was es regnen will!
Lass allem seinen Lauf!
Und wenn's genug geregnet hat,
So hörts auch wieder auf.

Der Kuckuck auf dem Zaune

In diesem lustigen Kuckuckslied wird der Regen
mit Hilfe eines originellen Sprachspiels vertrieben.

Text und Melodie überliefert

Der Kuck-uck auf dem Zau-ne, zi - dri - pom-pom, po - dri -

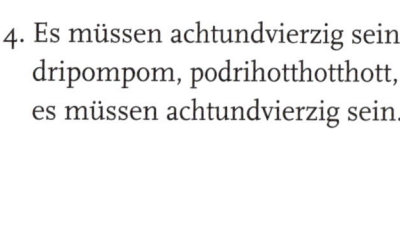

hott - hott - hott, der Ku-ckuck auf dem Zau-ne saß.

2. Es regnet sehr, und er ward
dripompom, podrihotthotthott,
es regnet sehr, und er ward nass.

3. Da zählt er seine Brüder
dripompom, podrihotthotthott,
da zählt er seine Brüderlein.

4. Es müssen achtundvierzig sein
dripompom, podrihotthotthott,
es müssen achtundvierzig sein.

44

Liebe Sonne, lass den Regen oben

Text und Melodie überliefert

1. Son - ne, lie - be Son - ne, komm ein biss - chen run - ter!

Lass den Re - gen o - ben, dann wol - len wir dich lo - ben.

Ei - ner schließt den Him - mel auf, kommt die lie - be Sonn' her - aus.

Durchführung: Die Kinder können mit Chiffontüchern winkend die Sonne begrüßen.

Tierisches Sommer-Spiel-Vergnügen

Bei ihren Spaziergängen im Sommer beobachten die Kinder eine Menge unterschiedlicher Tiere und vertiefen ihre Erlebnisse in Reimen und Liedern.

Die Grille

(Monika Klages)

Die Grille sitzt im Grase
und zirpt ein Sommerlied.

Der Has' putzt sich die Nase
und ist heut' sehr vergnügt.

Die Biene summt,
die Hummel brummt,
der Schmetterling
ist noch vermummt.

Der Käfer hinkt,
die Sonne blinkt.

Der Regenwurm,
der scheut den Sturm.

Die kleine Schnecke
kriecht um die Ecke.

Die Katze schleicht ums Haus
und wartet auf die Maus.

Imse, wimse Spinne

Imse, wimse Spinne,
wie lang dein Faden ist,

fällt herab der Regen und
der Faden riss.

Kommt die liebe Sonne
und trocknet
den Regen auf.

Imse, wimse Spinne,
klettert wieder rauf.

Mit beiden Händen bzw. mit den Fingern die Bewegung einer Spinne nach oben ausführen,

*die gleiche Fingerbewegung als Regen von oben nach unten ausführen
und eine Bewegung machen, als ob man eine Schnur abreißen würde.*

Mit beiden Händen eine Sonne bilden und dann eine Hand mit der anderen trocken wischen.

Mit den Händen eine Kletterbewegung nach oben machen.

Reh und Hase

In dem Walde steht ein Haus,

schaut ein Reh zum Fenster raus.

Kommt ein Häschen angerannt,

klopfet an die Wand.

„Hilfe, Hilfe, große Not,

sonst schießt mich der Jäger tot.

Armes Häschen, komm herein,

reich' mir deine Hand.

Mit den Händen ein Dach formen,

*durch ein Fernglas aus Daumen und Zeige-
fingern gucken.*

*Mit den Händen schnelle Bewegungen
machen,*

auf den Tisch klopfen.

Beide Hände hochreißen.

*Mit dem Zeigefinger eine lockende Bewegung
machen,*

alle Kinder geben sich die Hand.

Ich bin 'ne kleine Schnecke

(überliefert)

Ich bin 'ne klei - ne Schne - cke und kei - ne
rühr' mich nicht vom Fle - cke und kann nicht

Maus, ich spa - zier' hier nie-mals al - lein,
raus,

es muss schon ei - ner bei mir sein. (Le - na) (Le - na)

(Le-na) soll es sein, Komm zu mir in den Kreis he - rein.

Durchführung: Ein Kreisspiel, bei dem schon die Kleinsten mitmachen können.

48

Alle meine Entchen

Text und Melodie überliefert

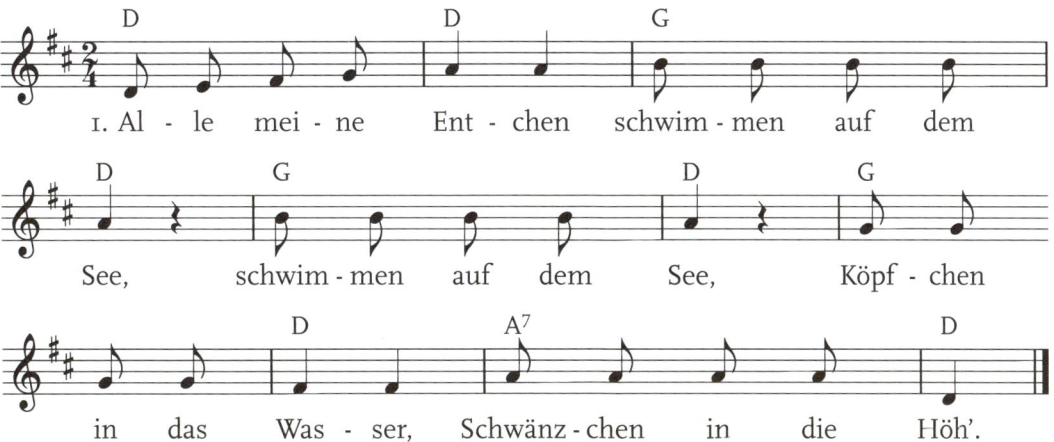

1. Al - le mei - ne Ent - chen schwim - men auf dem See, schwim - men auf dem See, Köpf - chen in das Was - ser, Schwänz - chen in die Höh'.

2. Alle meine Täubchen gurren auf dem Dach,
   gurren auf dem Dach,
   eins fliegt in die Lüfte, fliegen alle nach.

3. Alle meine Hühner scharren in dem Stroh,
   scharren in dem Stroh,
   finden sie ein Körnchen, sind sie alle froh.

4. Alle meine Gänschen watscheln durch den Grund,
   watscheln durch den Grund,
   suchen in dem Tümpel, werden kugelrund.

Durchführung: Während die ersten Strophe gesungen wird, deuten die Kinder eine Schwimmbewegung an.
Bei der zweiten Strophe bewegen sie Hände und Arme, als ob sie fliegen würden.
Die dritte Strophe wird mit einer scharrenden Fußbewegung begleitet und bei der vierten Strophe watscheln sie hin und her.

Was haben wir Gänse für Kleider an?

Text: Heinrich Hoffmann von Fallersleben, Melodie: volkstümlich

1. Was ha-ben wir Gän-se für Klei-der an? Gi, ga, gack. Wir ge-hen bar-fuß al-le-zeit in ei-nem wei-ßen Fe-der-kleid, gi, ga, gack, wir ha-ben nur ei-nen Frack.

2. Was essen wir Gänse für eine Kost?
   gi, ga, gack.
   Im Sommer geh'n wir auf die Au,
   im Winter speist die Bauersfrau,
   gi, ga, gack.
   uns aus dem Hafersack.

Durchführung: Die Kinder stellen sich im Kreis auf, fassen sich an die Hände, gehen im Kreis und bei „... in einem weißen Federkleid" bleiben sie stehen und streichen über ihren Körper. Bei der zweiten Strophe bleiben sie zum Schluss erst stehen und tun so, als ob sie ihren Kopf in einen Sack stecken und fressen würden.

Sommerliche Fingerspiele

Steigt ein Büblein auf den Baum

Steigt ein Büblein auf den Baum
O so hoch, man sieht es kaum
Schlüpft von Ast zu Ästchen
Hüpft zum Vogelnestchen
Uih, da lacht es
Hui, da kracht es
Plums, da liegt es drunten!

Durchführung: Die Kinder krabbeln mit der rechten Hand ihren linken Arm hinauf. Dann kehren sie um, krabbeln den Arm wieder hinunter, öffnen die linke Hand und lassen die rechte dorthin wandern wie in ein Nest. Bei „Hui" klatschen die Kinder in die Hände.

Das ist der Kleine

Das ist der Kleine
Das ist das Beinchen
Das ist der Langhals
Das ist der Tellerlecker
Das ist der Läuseknacker

Durchführung: Der Kleine ist der kleine Finger, die Kinder zeigen ihren kleinen Finger, das Beinchen ist der Ringfinger, der Langhals ist der Mittelfinger, der Tellerlecker ist der Zeigefinger und mit dem Läuseknacker, also dem Daumen, drücken sie auf die Tischplatte.

Daumen bück dich

Daumen bück dich
Zeiger streck dich
Goldner lupf dich
Ringlein krümme dich
Kleiner duck dich

Durchführung: Die Kinder winkeln den Daumen an, den Zeigefinger strecken sie in die Luft, den Mittelfinger bewegen sie hin und her, den Ringfinger knicken sie ein, und zum Schluss machen sie eine Faust und lassen den kleinen Finger darin verschwinden.

Der ist in den Busch gegangen

Der ist in den Busch gegangen	*Daumen zeigen und wieder zurücknehmen*
Der hats Häschen gefangen	*Zeigefinger zeigen und wieder zurücknehmen*
Der hats heimgebracht	*Mittelfinger zeigen und wieder zurücknehmen*
Der hats gebraten	*Ringfinger zeigen und wieder zurücknehmen*
Der hats verraten	*Kleinen Finger zeigen und wieder zurücknehmen*

Den Sommer begrüßen – mit Liedern und Spielen

Lieder, Spiele und Bewegungsangebote bringen den Kindern besonders viel Spaß, wenn sie draußen durchgeführt werden, ohne Schuhe und Strümpfe. Sie spüren das Aufstampfen der Füße intensiver oder sie spüren das Gras einer Wiese oder die Härte der Gehwegplatten. Jedes Angebot kann entsprechend ausgewählt werden.

Brüderchen, komm, tanz mit mir

Text: volkstümlich,
Melodie bearb. von Engelbert Humperdinck

1. Brü-der-chen, komm, tanz mit mir, bei-de Hän-de reich' ich dir, ein-mal hin, ein-mal her, rund-her-um, das ist nicht schwer.

2. Mit den Händchen klipp, klapp, klapp,
   mit den Füßchen tripp, trapp, trapp,
   einmal hin, einmal her,
   rundherum, das ist nicht schwer.

3. Mit den Köpfchen nick, nick, nick,
   mit den Fingerchen, tick, tick, tick,
   einmal hin, einmal her,
   rundherum, das ist nicht schwer.

4. Ei, das hast du gut gemacht,
   ei, das hätt' ich nicht gedacht,
   einmal hin, einmal her,
   rundherum, das ist nicht schwer.

5. Noch einmal das schöne Spiel,
   weil es mir so gut gefiel,
   einmal hin, einmal her,
   rundherum, das ist nicht schwer.

Trarira, der Sommer, der ist da

Text: volkstümlich, Melodie: Ludwig Erk

1. Tra - ri - ra, der Som - mer, der ist da. Wir
wol - len raus in' Gar - ten und wolln des Som - mers
war - ten. Ja, ja, ja, der Som - mer, der ist da.

2. Trarira, der Sommer, der ist da!
   Wir wollen zu den Hecken
   und wolln den Sommer wecken.
   Ja, ja, ja, der Sommer, der ist da!

3. Trarira, der Sommer, der ist da!
   Der Sommer hat gewonnen,
   der Winter ist zerronnen.
   Ja, ja, ja, der Sommer, der ist da!

Durchführung: Beim Singen des ersten Verses strecken die Kinder die
Hände nach oben, dann zeigen sie auf den Kitagarten.
Beim zweiten Vers hocken sich die Kinder hin.
Beim dritten Vers strecken die Kinder wieder
die Hände nach oben.

Heraus aus den Betten, heraus, heraus

Heraus aus den Betten, heraus, heraus,
die liebe Frau Sonne sie lacht euch schon aus.
Sie geht schon spazieren durch Felder und Flur,
und denkt sich, wo bleiben die Kinder heut' nur.
Der Hahn auf dem Hof und die Katzen vorm Haus,
die lachen die kleinen Langschläferchen aus.
Nun schnell in die Strümpfe, in Höschen und Kleid,
Guten Morgen, Frau Sonne, jetzt sind wir so weit.

Bewegungsspiele mit dem Ball

Ballspiele mit einer Schnur

Vorbereitung: Zwischen zwei Kinderstühlen eine Schnur spannen.

Durchführung: Die Kinder werfen einen Ball über die Schnur.

Variation: Statt eines Balls werfen die Kinder einen Luftballon über die Schnur.

Variation mit einer Fliegenklatsche: Die Kinder schlagen mit der Fliegenklatsche unter den Luftballon und versuchen, ihn über die Schnur zu treiben.

Ballkegeln

Vorbereitung: Die Erzieherin füllt einige Plastikflaschen mit Wasser, verschließt sie und stellt sie auf.

Durchführung: Die Kinder werfen oder rollen einen Ball gezielt gegen die Flaschen.

Variation 1: Die Flaschen können auch so aufgestellt werden, dass ein Tor entsteht, durch das die Kinder den Ball rollen können.

Variation 2: Die Kinder stellen die Flaschen auf wie sie es wollen, und werfen oder rollen den Ball nach ihren eigenen Vorstellungen.

Korbball

Durchführung: Einen großen Korb aufstellen. Die Kinder werfen kleine und große Bälle in den Korb.

Variation: Gymnastikreifen auf den Boden legen. Die Kinder werfen oder legen ihren Ball in den Ring.

Werfen mit „Wurfgeschossen"

Material: *Roter, leichter Stoff (ca. 40 x 40 cm), anders farbiger Stoff oder leichte Putztücher, Watte*

Vorbereitung: Die Stofftücher mit Watte füllen und zusammenbinden.

Durchführung: Die Wurfgeschosse auf einen Haufen legen. Dann fordert die Erzieherin die Kinder auf, mit allen roten Wurfgeschossen zu werfen, dann mit den anderen Farben.

HERBST

Zur Einstimmung

Morgens wird es merklich kühler und manchmal auch neblig; die Sonne kommt erst spät hervor, aber mittags kann es noch recht warm werden. Die Blätter fangen an, ihre Farben zu ändern; einige fallen schnell vom Baum, andere werden erst hellgrün, dann beige, dann rot, einige braun. Ein Farbenspiel beginnt bei Bäumen und Sträuchern. Insekten treten immer seltener auf und die Vögel scheinen leiser zu werden.

Für die Bauern ist der Herbst die Zeit, zu der sie ihre Felder abernten; das Wort „Herbst" bedeutete ursprünglich „Erntezeit", bevor es zur Bezeichnung einer Jahreszeit wurde. Anfang Oktober findet das Erntedankfest statt; dann gibt es in einigen ländlichen Gemeinden Feiern und Umzüge.

Mit der neuen Jahreszeit ändert sich das Wetter merklich; es wird windiger und häufiger kommen jetzt Stürme auf, die auch viel Regen mit sich bringen können. Gegen Mitte des Herbstes gibt es manchmal sogar Unwetter, dann werden die Stürme sehr stark, Bäume werden entwurzelt und von den Dächern können Dachziegel herabfallen.

Der Herbst hält für die Kleinen einen Höhepunkt bereit: Laternenumzug! Die Kinder basteln ihre Laternen selbst, sie lernen für dieses Ereignis besondere Lieder und schließlich nehmen sie mit ihren Eltern und mit allen anderen Kindern der Kita an diesem wunderbaren Umzug teil. Lange bevor der Laternenlauf losgeht, sind die Kinder schon aufgeregt und können es kaum erwarten, endlich die Kerzen in ihren Laternen zu entzünden.

Projektideen

Bitte orientieren Sie sich bei den Projekten immer an den Themen der Kinder und greifen Sie das Interesse der Kinder auf!

- Kastanien
- Tiere im Herbst
- Natur im Herbst
- Kürbis
- Laternenumzug
- Obst/Gemüse im Herbst
- Farben des Herbst: braun, rot, orange, gelb

Entdeckungen auf dem Herbstspaziergang – Naturbeobachtung

Aufheben, was interessant erscheint, ob Stöckchen, Stein oder Tannenzapfen – bei Kindern ab dem Lauflernalter ist das eine heiß geliebte Beschäftigung. Gerade der Herbst bietet eine Fülle von interessanten Objekten zum Aufheben, weil so viele Früchte von den Bäumen fallen, ob Eicheln, Haselnüsse, Bucheckern oder auch Tannenzapfen.

Sammeln und Sortieren von Herbstfrüchten

Material: *eine helle Decke, Herbstfundstücke der Kinder, transparente Gefäße wie z. B. leere Weckgläser*

Vorbereitung: Auf einem Ausflug sammeln die Kinder mit der Erzieherin Kastanien, Eicheln, Haselnüsse, Bucheckern, Walnüsse, Hagebutten und Tannenzapfen. Die Erzieherin benennt die Dinge; die Kinder versuchen die Farben zu erraten, sie fassen die Objekte an und spüren die unterschiedlichen Oberflächen und Größen der Naturmaterialien.

Durchführung: Auf dem Boden werden die typischen Herbstfrüchte und Nüsse ausgebreitet. Die Kinder setzten sich im Kreis drumherum und versuchen, die Objekte zu sortieren und in die entsprechenden Gefäße zu füllen.

Äpfel

Im Frühjahr erfreuen wir uns an den zartrosa Blüten der Apfelbäume, und im Herbst lassen wir uns die Äpfel schmecken, denn der Herbst ist die typische Erntesaison für Äpfel. Es gibt viele verschiedene Apfelsorten; während die Größen verschiedener Sorten ähnlich sind, unterscheiden sie sich im Geschmack und in der Farbgebung teilweise erheblich. Es gibt hunderte von Apfelsorten; einige sind einfarbig, aber viele weisen auch mehrere Farbtöne auf.

Kürbisse

Mit ihrer großen Sortenvielfalt und den unterschiedlichen Größen kann man Kürbisse als Laune der Natur betrachten. Besonders die riesigen Exemplare versetzen uns in Erstaunen, und die leuchtenden Farben der Hokkaido-Kürbisse faszinieren uns. Der Sommer ist leider vorbei, aber dafür haben wir jetzt Kürbisse in allen Größen, Formen und Farben.

Vorbereitung: Die Erzieherin besorgt Kürbisse oder kauft mit den Kinder zusammen welche ein. Sie spricht über die Farben und lässt die Kinder feststellen, dass sie große Kürbisse nicht tragen können.

Material: *Ein orangefarbener großer Hokkaido-Kürbis, große Luftballons, Seidenpapier in den Farben gelb, orange, rot, Kleister, Korken*

Durchführung: Zuerst zerreißen die Kinder das Seidenpapier. Dann bläst die Erzieherin Luftballons für die Kinder auf. Die Kinder bestreichen mit ihren Händen einen Ballon dick mit Kleister und kleben die zerrissenen Stücke des Seidenpapiers auf den Ballon, bis er vollständig in mehreren Schichten mit dem Papier überzogen ist. An einer Stelle wird der Korken eingearbeitet, der den Kürbisstängel darstellen soll. Den eingekleisterten Luftballon lassen die Erzieherinnen gut durchtrocknen. Diesen leichten „Kürbis" können alle Kinder tragen und sogar damit spielen.

Tiere im Herbst

Für viele Tiere ist der Herbst die Jahreszeit, die sie nutzen, um sich auf den Winter vorzubereiten. Einige Tiere halten Winterschlaf oder legen sich Vorräte an, wie z. B. Eichhörnchen. Igel halten einen Winterschlaf, schon Ende des Sommers beginnen sie, sich eine Fettschicht anzufressen, spätestens im November suchen sie sich ein frostsicheres Winterquartier, dann schlafen sie normalerweise bis zum Frühling.

Igel

Vorbereitung: Als Einstieg erzählt die Erzieherin den Kindern etwas über die Eigenschaften des Igels und über seine Gewohnheiten. Die Kinder betrachten mit der Erzieherin Fotos von Igeln. Dann zeigt sie ihnen „Igelbälle" aus Gummi, die zur Massage benutzt werden; sie vermitteln den Kindern einen Eindruck, wie sich Stacheln auf der Haut anfühlen.

Eichhörnchen

Eichhörnchen halten Winterruhe in ihren Nestern, die Kobel genannt werden; im Gegensatz zu Igeln schlafen sie aber nicht. Im Herbst legen sie sich einen Nahrungsvorrat zu, der aus Nüssen und Bucheckern besteht. Sie vergraben ihn oder verbergen ihn unter Blättern. Wenn Eichhörnchen hungrig sind, graben sie ihren Vorrat aus und fressen davon.

Ein Eichhörnchen sammelt Wintervorrat – Spiel mit der Handpuppe

Vorbereitung: Eine Handpuppe in Form eines Eichhörnchens besorgen.

Das Spiel: Das Eichhörnchen tritt auf und hat zwischen seinen kleinen Pfoten eine Nuss, die es versucht zu knacken.

Das Eichhörnchen: „Liebe Kinder, wisst ihr, was ich hier habe?"

Vielleicht können einige Kinder es raten.
Wenn nicht, antwortet das Tier: „Es ist eine Nuss."

Das Eichhörnchen sieht sich im Raum um und fragt die Kinder: „Habt ihr einen Nussknacker für mich, ich weiß nicht, ob ich es mit meinen Zähnen schaffe?"

Befindet sich ein Nussknacker im Raum, knackt das Eichhörnchen die Nuss, ansonsten versucht es, die Nuss mit den Zähnen aufzubrechen.

Das Eichhörnchen: „Es ist Herbst, (es sieht aus dem Fenster), die Blätter fallen von den Bäumen, und endlich sind auch Nüsse, Bucheckern, Kastanien und Eicheln reif. Die sammle ich, verstecke sie an vielen Stellen, und im Winter, wenn ich Hunger habe, suche ich meine Verstecke. Ich fresse zuerst die Nüsse und dann die anderen Baumfrüchte auf."

Das Eichhörnchen: „Was macht ihr, wenn es draußen bitterkalt ist? Zieht ihr euch warm an?" Das Eichhörnchen reibt sich über die Arme und tut so, als ob es stark frieren würde. Es animiert die Kinder, darüber nachzudenken, was man ihnen im Winter alles anzieht.

Eichhörnchen: „Und wisst ihr, wie ich mich wärme? Im Herbst bekomme ich ein schönes Winterfell, und wenn ich in meinem kleinen Nest schlafe, decke ich mich mit meinem buschigen Schwanz zu." Das Eichhörnchen zeigt seinen Schwanz.

Eichhörnchen: „Ich danke euch, dass ich mir zugehört habt." Das Eichhörnchen verabschiedet sich.

63

Alle Farben des Herbstes – Kreativangebote

Farben, die vom wärmsten Braunorange bis zum dunklen Braun, aber auch vom dunklen Rot bis zum tiefen Blau reichen, sind typisch für den Herbst. Orangefarbene Kürbisse, Äpfel und Birnen in verschiedenen Nuancen von Grün, Gelb und Rot, dunkelblaue Pflaumen, braune oder rot-weiße Pilze und Baumfrüchte oder Samen in verschiedenen Brauntönen verkörpern das für den Herbst charakteristische Spektrum von Farbeindrücken. Die meisten dieser Farben empfinden wir als warm.

Diese Farbenvielfalt lädt uns zum Gestalten und Experimentieren ein: Die Früchte der Bäume, wie Kastanien, Eicheln und Nüsse, bieten sich für die Herstellung eines Reliefs an; bunte Laubblätter bieten einen interessanten Malgrund und mit selbst gemischten Brauntönen lassen sich beispielsweise Wirbelbilder fabrizieren.

In jedem Tuschkasten befinden sich zwar in der Regel einige braune Farben, aber viel aufregender ist es, wenn die Kinder die braunen Farbtöne nach ihrem eigenen Belieben selbst mischen können.

Braune Farbtöne selbst mischen

Vorbereitung: Die Erzieherin sammelt mit den Kindern auf dem Kitagelände oder in der näheren Umgebung Kastanien, Eicheln, Nüsse, Bucheckern und Hagebutten.

Material: *Die gesammelten Früchte und Nüsse, rote, gelbe, schwarze und blaue Farben, weißer Tonkarton, Pinsel, Wasser, Palette oder kleine weiße Teller*

Durchführung: Die Kinder betrachten eingehend die Eicheln, Nüsse, Samen und Kastanien; sie sehen, dass alle diese Herbstfrüchte unterschiedliche braune Farbtöne aufweisen.

Nun können sie versuchen, ihre braunen Farben selbst zu mischen. Dafür bekommen sie Näpfchen mit Tusche in den drei Grundfarben Gelb, Rot und Blau. Sie mischen die Tuschen mit Wasser und beobachten, wie sich aus den drei Grundfarben durch die Vermischung neue Farben ergeben – meist entsteht dabei eine Nuance von Braun.

Auf dem weißen Malgrund tragen sie die neuen Tuschemischungen auf. Nur das tiefe Dunkelbraun der Kastanie lässt sich nicht mit den drei Grundfarben herstellen. Für diesen dunklen Farbton bekommen die Kinder rote und schwarze Tusche, damit wird es ihnen gelingen. Auch diese Farbe tragen sie auf das Papier auf.

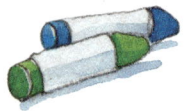

Mit Pflanzenfarben rote Herbstblätter malen – ein Experiment

Vorbereitung: Die Erzieherin sammelt mit den Kinder rot gefärbtes Laub und kauft mit ihnen Blütenblätter des Hibiskus. In der Kita werden die Blütenblätter in warmem Wasser eingeweicht (etwa 100 ml für 10 g Blütenblätter), das Wasser färbt sich allmählich rot.

Material: *Rote Pflanzenfarbe (s. o.), Pinsel, weißes Aquarellpapier*

Durchführung: Die Kinder tragen mit dem Pinsel die Pflanzenfarbe auf den Malgrund auf. Sie sehen, dass die Farbe zuerst dunkelrot erscheint, im trockenen Zustand sieht sie dann lilafarben aus.
Mit der Farbe können die Kinder auf ihre Weise probieren, ein rotes Laubblatt nach einer natürlichen Vorlage zu malen. Die Kinder können, nachdem die Farbe getrocknet ist, wieder auf die Farbfläche malen; auf diese Weise wird der dunkelrote Farbton intensiver. Dafür ist unbedingt Aquarellpapier zu verwenden.

Ein dreidimensionales Objekt

Mit selbst hergestellter brauner Farbe stellen die Kinder ein dreidimensionales Objekt her.

Material: *rote, gelbe und blaue Tuschfarbe, Wasser, dicker Pinsel und weißer und farbiger Zeichenkarton*

Durchführung: Die Kinder mischen aus Tusche in den drei Grundfarben Rot, Gelb und Blau braune Farbe. Die Farbe tragen sie mit dem Pinsel großflächig auf weißen Zeichenkarton auf. Sie lassen die Farbe trocknen. Anschließend schneidet die Erzieherin aus der braunen Fläche Streifen von ca. 2 cm Breite und 6 cm Länge. Die Kinder können die Streifen in der Mitte knicken und mit der einen Hälfte in zufälliger Anordnung und Ausrichtung auf einen farbigen Untergrund kleben, sodass die andere Hälfte hochsteht und die Streifen eine Art von Relief bilden.

Herbstcollage mit Naturmaterialien

Material: *feste Unterlage, z. B. Leinwand, Pappe oder die Rückseite eines Zeichenblocks; Kleister; Papier; Naturmaterialien; Herbstblätter*

Vorbereitung: Die Erzieherin besorgt für eine herbstliche Collage Papier in warmen Farbtönen und in einem kräftigen Blau, getrocknete Herbstblätter, halbe Nussschalen, Ahornsamen („Nasenkneifer") und Bucheckern. Sie rührt Kleister an und lässt die Kinder das Papier in Stücke reißen.

Durchführung: Zuerst kleistern die Kinder die Unterlage ein. Anschließend bekleben sie sie mit dem in Stücke zerrissenen Papier, den Herbstblättern, Nussschalen und Samen.

Herbstfrüchte-Relief

Material: *Nüsse, Kastanien, Bucheckern, Erlenzapfen, kleine Leinwände in der Größe 20 cm x 20 cm, angerührter Kleister, weißes Seidenpapier*

Vorbereitung: Auf einem Ausflug sammeln die Kinder mit der Erzieherin Walnüsse, Haselnüsse, Kastanien, Bucheckern und kleine Erlenzapfen. Die Kinder zerreißen weißes Seidenpapier.

Durchführung: Die Kinder bestreichen die Leinwand mit Kleister. Anschließend nehmen sie sich die Naturmaterialien und legen sie auf ihre Leinwand. Jetzt können sie mit dem Seidenpapier und dem Kleister die Objekte bedecken. Das Relief gut trocknen lassen.

Hantieren mit braunem Ton

Material: *brauner Ton, Wasser*

Durchführung: Die Kinder erhalten ein Stück Ton und dürfen das Material mit den Händen erfahren. Sie gestalten vielfältige Formen. Die Erzieherin ist dabei und unterstützt die Kinder. Die Kinder sehen, dass der Ton mit dem Wasser weicher wird und sich gut verarbeiten lässt. Trocknet der Ton, wird er hart.

Regenwürmer

Material: *Modelliermasse, ein Stück dünne Pappe*

Durchführung: Die Erzieherin zeigt, wie aus einem Klumpen der Modelliermasse eine Rolle hergestellt wird. Die Kinder können das nachmachen und mit einem Stück Pappe Rillen in den Wurm einfügen.
Den Wurm trocknen lassen.
Danach wird er mit herbstlichen Farben angemalt.

Ein kleines Büchlein

Bilderbücher sind in jedem Kindergarten vorhanden, denn Kinder lieben Bücher, die hübsch illustriert sind und die ihren Interessen und ihrem Alter entsprechen. Doch ein Buch selbst herzustellen, stellt für Kinder eine neue Herausforderung und ein besonderes Geschehen dar. Sie erleben sich dabei als Gestalter eines eigenen kleinen Werks. Später verbinden die Kinder mit ihrem Buch Erinnerungen, und es erhält damit eine ganz besondere Bedeutung für das Kind.

Jedes Kind kann sein eigenes Buch in Form eines Leporellos gestalten. Die einzelnen Seiten werden in unterschiedlichen künstlerischen Techniken ausgeführt. Daher ist es wichtig, sich für dieses Projekt viel Zeit zu nehmen. Am Ende wird für jedes Kind ein individuelles aufklappbares Büchlein entstanden sein. Durch ein Foto des Kindes auf der ersten Seite kann jeder „Autor" sein persönliches Buch identifizieren.

Material für das Leporello: *1 Foto von jedem Kind, vier Karten aus weißem stabilem Karton in den Maßen 10,5 cm x 10,5 cm, Textilklebeband, Klebstoff*

Durchführung: Die einzelnen Karten mit dem Textilklebeband von der Vorderseite und der Rückseite zu einer „Ziehharmonika" zusammenkleben, sodass ein bewegliches Büchlein in Form eines strapazierfähigen Leporellos dabei herauskommt.
Auf die erste Seite ein Fotos des Kindes kleben.

Tipp
Das Leporello sollte mindestens aus vier Seiten mit Abmessungen von wenigstens 10,5 cm x 10,5 cm Größe bestehen (10,5 cm entsprechen gerade der Breite eines längs gefalteten DIN-A4-Blattes). Selbstverständlich können die Maße und die Anzahl der Karten aber auch verändert werden.

Strukturen mit Frottagetechnik erzeugen

Material: *Bast, Zeichenpapier, Kreppklebeband, Wachsmalkreide*

Durchführung: Um eine Struktur zu erhalten, wird zerschnittener Bast auf eine Unterlage oder einfach auf den Tisch gelegt. Auf den Bast kommt ein Blatt Zeichenpapier, das an den Ecken mit Kreppband befestigt wird. Die Kinder reiben jetzt mit der Wachsmalkreide über den zugedeckten Bast und erhalten auf diese Weise eine Frottage des Bastes.

Variation: Über eine Feder wird transparentes Zeichenpapier gelegt. Mit der Wachsmalkreide reiben die Kinder über die für sie sichtbare Feder.

> **Tipp**
> Statt Bast können auch viele andere Materialien für die Frottagetechnik verwendet werden, zum Beispiel Blätter, getrocknete Blumen, Wolle etc.

Ein Bild mit Zuckerkreide

Zuckerkreide ist weich und geschmeidig, sie zeichnet sich durch eine cremige Konsistenz und schöne Leuchtkraft aus. Sie ist für kleine Kinder in ihrer Handhabung sehr gut geeignet. Für dieses wunderbare Malmittel lohnt sich die Planung und Vorbereitung. Aufgaben, die die Erzieherin übernimmt.

Material: *farbige Tafelkreide, Zucker, Wasser, kleiner Kochtopf, flache Schüssel*

Herstellung: Zwei Esslöffel Zucker mit einer Tasse Wasser vermengen und in einem Topf zum Kochen bringen. Zuckerlösung abkühlen lassen und in eine flache Schüssel geben. Stücke von verschiedenfarbigen Tafelkreiden mehrere Stunden einweichen und auf Haushaltspapier abtropfen und kurz trocknen lassen.

Durchführung: Nun können die Kinder mit der Zuckerkreide malen.

Ein Bild mit selbst hergestellter Fingerfarbe malen

Material: *100 ml Wasser pro Farbe, 4 leicht gehäufte Esslöffel Mehl, bunte Lebensmittelfarben (alternativ: Spinat-, Kirsch-, Rote-Beete- oder Blaubeersaft), Papier*

Herstellung: Lebensmittelfarbe mit warmen Wasser mischen, das Mehl hinzugeben und kräftig rühren, bis eine gebundene Mischung entstanden ist.
Dabei können die Kinder schön mithelfen und so tun, als ob sie einen Teig herstellen.
Die Farbe wird in ein Schraubverschlussglas gefüllt und sollte schnell verbraucht werden.

Durchführung: Nun können die Kinder mit der selbst hergestellten Fingerfarbe malen.

> Die Farben halten sich im Kühlschrank etwa ein bis zwei Wochen.

Zaubern mit Wachsmalkreide

Material: *Zeichenpapier, weiße Wachsmalkreide, stark verdünnte flüssige Farbe, Pinsel, Kreppklebeband*

Durchführung: Die Kinder zeichnen mit weißen Wachsmalkreiden beliebige Figuren oder, wenn sie es schon können, Kreise auf weißem Untergrund.
Dann malen sie mit stark verdünnter Wasserfarbe oder Gouache über die zunächst unsichtbaren Strukturen. Nun treten die Kreise und Striche hervor.

Spielspaß im Herbstwind

Die Kinder erleben, wie im Herbst der Wind die Blätter von den Bäumen weht. Sie beobachten, wie sie auf den Boden fallen oder durch einen Sturm durcheinander gewirbelt werden.

Bunte Blätter fallen – Vers

Bunte Blätter fall'n vom Baum,
schweben sacht, man hört es kaum.
Plötzlich trägt der Wind sie fort,
wirbelt sie von Ort zu Ort.
Wie sie flattern, wie sie fliegen,
sinken – und am Boden liegen.

Durchführung: Jedes Kind bekommt ein Chiffontuch und kann damit die Bewegung der Blätter nachahmen.

Fünf Vögel im Herbstwind – Fingerspiel

Fünf Vögel sitzen dicht an dicht,

Beide Hände zu Fäusten schließen und dicht beieinander auf den Tisch legen.

sie wippen auf und ab und fallen nicht.

Die Fäuste machen eine wippende Bewegung.

Der Erste sagt: „Ich muss jetzt fliegen."

Der Daumen führt fliegende Bewegungen aus.

Der Zweite sagt: „Ich kann dich kriegen!"

Der Zeigefinger führt fliegende Bewegung schnell aus.

Der Dritte sagt: „Da mach ich mit!"

Der Mittelfinger macht eine fliegende Bewegung.

Der Vierte sagt: „Da komm ich mit!

Nun bewegt sich auch der Ringfinger.

Der Fünfte ruft: „Und was ist mit mir?"

Den kleinen Finger nach oben strecken.

Da trösten ihn die anderen vier.

Den kleinen Finger anfassen.

Hui, der Wind weht – Fingerspiel

Hui, der Wind weht!

Die Hände von links nach rechts bewegen.

Der Ackermann sät,

So tun, als ob Körner geworfen würden.

die Körnlein springen,

Mit den Fingerspitzen den Tisch oder Boden berühren.

die Vöglein singen,
hui, der Wind weht.

Die Hände von rechts nach links bewegen.

Falle, falle, gelbes Blatt

Falle, falle, gelbes Blatt,
bis der Baum kein Blatt mehr hat.
Weggeflogen alle!

Die Kinder bekommen gelbe Chiffontücher, sie wedeln damit hin und her und lassen sie dann fallen, gleichzeitig können sie pusten.

Falle, falle, rotes Blatt,
bis der Baum kein Blatt mehr hat.
Weggeflogen alle!

Die Kinder bekommen rote Chiffontücher, sie wedeln damit hin und her und lassen sie dann fallen, gleichzeitig können sie pusten.

Falle, falle, braunes Blatt,
bis der Baum kein Blatt mehr hat.
Weggeflogen alle!

Die Kinder bekommen braune Chiffontücher, sie wedeln damit hin und her und lassen sie dann fallen, gleichzeitig können sie pusten.

Ihr Blätter, wollt ihr tanzen

Text und Melodie überliefert

1. Ihr Blät-ter, wollt ihr tan-zen? So rief im Herbst der Wind.
Ja, ja, wir wol-len tan-zen! Komm, hol uns nur ge-schwind!

2. Da fuhr er durch die Äste
und pflückte Blatt um Blatt.
Nun ziehen wir zum Feste,
nun tanzen wir uns satt!

3. Da streut er ohn' Erbarmen
die Blätter, wie sich's traf.
Da lagen nun die Armen
und weinten sich in Schlaf.

4. Da hat der Winter sachte
mit Flocken sie bestreut,
und wenn kein Blatt erwachte,
so schlafen sie noch heut.

Material: *farbige Chiffontücher in herbstlichen Farben*

Durchführung: Die Kinder stellen sich im Kreis auf.
Die Erzieherin verteilt die Tücher an die Kinder.
Während der ersten zwei Strophen tanzt jedes Kind mit seinem Chiffontuch herum.
Während der dritten Strophe legen sich die Kinder hin.
In der letzten Strophe decken sie sich mit dem Tuch zu und tun so, als ob sie schlafen.

73

Meine Mühle

Text und Melodie: volkstümlich

1. Mei - ne Müh - le, die braucht Wind, Wind, Wind, sonst geht sie nicht ge - schwind, schwind, schwind, mei - ne Müh - le, die braucht Wind, Wind, Wind, sonst geht sie nicht ge - schwind.

2. Aus Korn wird Mehl, aus Mehl wird Brot,
und Brot tut allen Menschen not.
Drum braucht die Mühle Wind, Wind, Wind,
sonst geht sie nicht geschwind.

Die Früchte des Herbstes

Bunt sind schon die Wälder

Text: Johann Friedrich Reichardt, Melodie: Johann Gaudenz von Salis-Seewis

1. Bunt sind schon die Wäl - der, gelb die Stop - pel - fel - der, und der Herbst be - ginnt. Ro - te Blät - ter fal - len, grau - e Ne - bel wal - len, küh - ler weht der Wind.

2. Wie die volle Traube
   aus dem Rebenlaube
   purpurfarbig strahlt!
   Am Geländer reifen
   Pfirsiche, mit Streifen
   rot und weiß bemalt.

3. Flinke Träger springen,
   und die Mädchen singen,
   alles jubelt froh!
   Bunte Bänder schweben
   zwischen hohen Reben
   auf dem Hut von Stroh.

4. Geige tönt und Flöte
   bei der Abendröte
   und im Mondesglanz;
   junge Winzerinnen
   winken und beginnen
   frohen Erntetanz.

Der Apfel

Fünf Finger stehen hier und fragen:
„Wer kann wohl diesen Apfel tragen?"

Beide Hände mit den Fingerkuppen auf den Tisch stellen,

Der erste Finger kann es nicht.

den Daumen anfassen,

Der zweite sagt: „Welch ein Gewicht!"

den Zeigefinger anfassen,

Der dritte kann ihn auch nicht heben.

den Mittelfinger anfassen,

Der vierte schafft es nie im Leben.

den Ringfinger anfassen,

Der fünfte aber spricht:

den kleinen Finger anfassen

„Ganz alleine geht es nicht!"
Gemeinsam heben kurz darauf
fünf Finger diesen Apfel auf.

Mit der Hand eine Greifbewegung ausführen.

In meinem kleinen Apfel

Text: volkstümlich, Melodie: Wolfgang Amadeus Mozart

1. In mei-nem klei-nen Ap-fel, da sieht es lus-tig aus: es sind da-rin fünf Stüb-chen grad wie in ei-nem Haus.

2. In jedem Stübchen wohnen zwei Kernchen schwarz und fein,
   die liegen drin und träumen vom lieben Sonnenschein.

3. Sie träumen auch noch weiter, gar einen schönen Traum,
   wie sie einst werden hängen am lieben Weihnachtsbaum.

Der Herbst ist da – Fingerspiel

Der Daumen sagt: „Der Herbst ist da!" *Mit dem Daumen wackeln,*

Der Zeigefinger ruft: „Hurra, hurra!" *den Zeigefinger nach oben strecken,*

Dem Mittelfinger gefällt das nicht: *den Mittelfinger nach oben strecken,*
„Der Herbst bringt auch viel Regen mit!"

Der Ringfinger schreit gleich drein: *den Ringfinger hin und her bewegen,*
„Der Herbst, ja der beschenkt uns fein!"

Der Kleine freut sich und lacht: *den kleinen Finger so schnell wie möglich hin*
„Der Herbst hat uns Birnen, Äpfel und *und her bewegen.*
Trauben gebracht!"

Ein Männlein steht im Walde

Text: Heinrich Hoffmann von Fallersleben, Melodie: volkstümlich

1. Ein Männlein steht im Walde ganz still und stumm,
es hat von lauter Purpur ein Mäntlein um.
Sagt, wer mag das Männlein sein, das da steht im Wald allein
mit dem purpurroten Mäntelein?

2. Das Männlein steht im Walde
   auf einem Bein
   und hat auf seinem Haupte
   schwarz Käpplein klein.
   Sagt, wer mag das Männlein sein,
   das da steht im Wald allein
   mit dem kleinen schwarzen Käppelein?

Ging ein Weiblein Nüsse schütteln

Text und Melodie: volkstümlich

1. Ging ein Weib-lein Nüs-se schüt-teln, Nüs-se schüt-teln,
Nüs-se schüt-teln; al-le Kin-der hal-fen rüt-teln,
hal-fen rüt-teln, rums. Ging ein Weib-lein
Nüs-se schüt-teln, Nüs-se schüt-teln, Nüs-se schüt-teln;
al-le Kin-der hal-fen rüt-teln, hal-fen rüt-teln, rums.

2. Ging ein Weiblein Himbeer'n pflücken,
Himbeer'n pflücken, Himbeer'n pflücken;
riss dabei den Rock in Stücken,
Rock in Stücken, rums.

3. Hat nicht nur den Rock zerrissen,
Rock zerrissen, Rock zerrissen;
wird die Schuh' auch flicken müssen,
flicken müssen, rums.

Kastanien suchen

Durchführung: In einem Korb mit Eicheln versteckt die Erzieherin eine Kastanie.
Je nachdem, wie groß die Menge der Eicheln in dem Korb ist,
sucht ein oder suchen mehrere Kinder die Kastanie,
indem sie im Korb herumwühlen.

Variation: Man kann auch einen Tannenzapfen in einem Korb
mit Kastanien verstecken.

Spiele mit Kastanien, Eicheln und Nüssen

Der Herbst bietet sich an, um mit den Kindern Kastanien, Eicheln und Nüsse zu sammeln. Die Kinder können die schönen Herbstfrüchte in der Kita sortieren, dafür muss für jede Sorte ein Behälter bereitstehen. Mit den sortierten Herbstfrüchten lassen sich draußen einige Bewegungsspiele durchführen.

Vorbereitung: Die Erzieherin sammelt mit den Kinder Kastanien und füllt damit einen Korb. Im Außengelände der Kita wird entweder ein großer Kreis auf Gehwegplatten gemalt oder ein Gymnastikring auf den Boden gelegt.

Durchführung: Die Kinder werfen ihre Kastanien in den Ring bzw. in den Kreis.

Bewegungsspiel mit Kastanien

Drei Körbe, die jeweils mit Kastanien, Eicheln und Nüssen gefüllt sind, stehen mit etwas Abstand voneinander im Außengelände.

Durchführung: Die Kinder stellen sich auf und die Erzieherin ruft: *„Alle Kinder laufen zu den Kastanien!"* Oder sie fordert sie auf, zu dem Korb mit den Eicheln zu laufen oder zu den Nüssen.

Kastanienbad im Gruppenraum

Vorbereitung: Die Erzieherin füllt die gesammelten Kastanien in eine Wanne oder einen Wäschekorb.

Durchführung: Die Kinder können sich in die Wanne setzen und mit den Kastanien hantieren. Es werden Hilfsmittel zur Verfügung gestellt, mit denen die Kinder die Kastanien transportieren können, geeignet sind Becher, Kannen, Löffel, Papiertüten etc.

Tierischer Herbst-Spielspaß

Schneckhaus, Schneckhaus

Schneckhaus, Schneckhaus,
stecke deine Hörner aus,
wenn du sie nicht stecken willst
werf ich dich in Graben.

Durchführung: Die Kinder halten ihre Zeigefinger an den Kopf und deuten damit die Schneckenhörner an, während das kleine Gedicht gesprochen wird.

Schneck, Schneck

Schneck, Schneck, komm' heraus,
sonst kommt die Maus
und frisst dich auf!

Schneck, Schneck, geh' ins Haus,
sonst kommt der Fuchs
und frisst dich auf!

Durchführung: Während die erste Zeile gesprochen wird, können die Kinder eine lockende Bewegung mit den Händen ausführen. Bei der zweiten Zeile schieben die Kinder ihre geöffneten Hände von sich weg.

Es sitzen zwei Tauben auf dem Dach

Es sitzen zwei Tauben auf dem Dach.
Beide Hände hoch halten,

Die eine flog weg,
eine Hand führt eine flatternde Bewegung aus,

die andere flog weg,
die andere Hand führt eine flatternde Bewegung aus,

die eine kam wieder,
eine Hand kehrt auf den Tisch zurück,

die andere kam wieder,
die andere Hand kehrt zurück,

da saßen sie alle beide wieder.
beide Hände liegen auf dem Tisch.

Vöglein Husch

Durchführung: Die Kinder stellen sich auf. Die Erzieherin ruft: *„Vöglein Husch!"* und alle „flattern" als Vögel herum. Dann ruft die Erzieherin: *„Setzt euch alle nieder!"* Nun sind alle Kinder still und hocken sich auf den Boden.

Variation 1: Statt der Erzieherin ruft ein Kind: *„Vöglein husch!"* oder: *„Setzt euch alle nieder!"*

Variation 2: Die Kinder bekommen farbige Chiffontücher, damit wedeln sie herum. Wenn die Erzieherin zum Beispiel ruft: *„Alle Vöglein mit den roten Tüchern setzen sich!"*, dann setzen sich die Kinder mit den roten Chiffontüchern; es folgen die anderen Farben.

Katzen können Mäuse fangen

Katzen können Mäuse fangen,
haben Krallen, scharf wie Zangen.

Finger wie Krallen krümmen,

Kriechen durch die Bodenlöcher

Daumen und Zeigefinger so formen, dass es wie ein Loch aussieht,

und zuweilen auf die Dächer.

mit den Händen ein Dach formen.

Mäuschen mit dem Ringelschwänzchen,

Finger tippen auf der Tischplatte,

machen auf dem Dach ein Tänzchen.

Finger bewegen sich hin und her.

Leise, leise schleicht die Katz,

Hände tippeln leise über den Tisch,

fängt die Maus mit einem Satz.

mit den Händen auf den Tisch patschen.

Laternenlieder

Laterne, Laterne

Text und Melodie: volkstümlich

1. La - ter - ne, La - ter - ne, Son - ne, Mond und Ster - ne. Bren - ne auf, mein Licht, bren - ne auf, mein Licht a - ber nur mei - ne lie - be La - ter - ne nicht.

2. Laterne, Laterne,
   Sonne, Mond und Sterne.
   Sperrt ihn ein den Wind,
   sperrt ihn ein den Wind,
   er soll warten, bis wir alle zu Hause sind.

3. Laterne, Laterne,
   Sonne, Mond und Sterne.
   Bleibe hell mein Licht,
   bleibe hell mein Licht,
   denn sonst strahlt meine liebe Laterne nicht.

Sankt Martin ritt durch Schnee und Wind

Text und Melodie: volkstümlich

1. Sankt Mar-tin, Sankt Mar-tin, Sankt Mar-tin ritt durch Schnee und Wind, sein Ross das trug ihn fort ge - schwind. Sankt Mar - tin ritt mit leich-tem Mut: sein Man - tel deckt' ihn warm und gut.

2. Im Schnee saß,
im Schnee saß,
im Schnee da saß ein armer Mann,
hatt' Kleider nicht, hatt' Lumpen an.
O helft mir doch in meiner Not,
sonst ist der bitt're Frost mein Tod!

3. Sankt Martin,
Sankt Martin,
Sankt Martin zog die Zügel an,
sein Roß stand still beim armen Mann,
Sankt Martin mit dem Schwerte teilt'
den warmen Mantel unverweilt.

4. Sankt Martin,
Sankt Martin,
Sankt Martin gab den Halben still,
der Bettler rasch ihm danken will.
Sankt Martin aber ritt in Eil'
hinweg mit seinem Mantelteil.

WINTER

Zur Einstimmung

Im Winter werden die Tage kürzer und es wird kalt. Die Tiere ziehen sich zurück, viele Vögel fliegen nach Afrika, wo es warm ist. Die Menschen müssen sich auch wärmer anziehen, sie schützen den Kopf und die Hände mit Mützen und Handschuhen. Tieren wie beispielsweise Hasen und Katzen wächst jetzt ein Winterfell, andere Tiere verstecken sich im Winter in Blätterhöhlen oder in unterirdischen Bauten.

Die Sonne geht sehr früh unter, und man muss in den Häusern das Licht anmachen und die Heizung anstellen. Sobald der erste Schnee gefallen ist, spielen Kinder mit der ungewohnten weichen, weißen Materie.

Anfang Dezember beginnt mit dem ersten Advent die Weihnachtszeit. Bald kommt der Nikolaus, und dann steht auch schon Weihnachten vor der Tür. Für Kinder ist das eine aufregende Zeit; sie sind fasziniert von dem Lichterglanz, der in der Kita, zu Hause und auch in den Einkaufstraßen erstrahlt.

In den nächsten Wochen wird es meist noch kälter. Manchmal aber beherrschen Frost, Eis und Schnee die Natur auch noch bis in den März hinein und der Frühling lässt auf sich warten.

Projektideen

Bitte orientieren Sie sich bei den Projekten immer an den Themen der Kinder und greifen Sie das Interesse der Kinder auf!

- ⓦ Weihnachten
- ⓦ Die Natur im Winter
- ⓦ Schnee und Kälte
- ⓦ Temperaturen
- ⓦ Obst im Winter
- ⓦ Gemüse im Winter
- ⓦ Tiere im Winter

Hinaus in den Schnee – Naturbeobachtung

Schnee

Wenn es schneit, breitet sich Stille aus. Leise rieseln die Schneeflocken zur Erde und hüllen alles in eine weiße Decke. Die Kinder versuchen, die Schneeflocken aufzufangen – aber sobald diese die Hand oder das Gesicht berühren, schmelzen sie. Ein Tropfen bleibt zurück.

Spuren im Schnee

Finden wir eine Schneedecke vor, ist es ideal, Spuren zu entdecken, die Tiere hinterlassen haben.

Vögel im Winter

Was fressen eigentlich die Vögel im Winter? Können sie Futter finden, wenn Schnee liegt?

Eiszapfen

Neben den einzigartigen Schneeflocken gehören Eiszapfen zu den Wundern des Winters, ist jeder Zapfen doch einmalig. Die Erzieherin betrachtet mit den Kindern Eiszapfen, die Kinder berühren die Zapfen und spüren die Eiseskälte.

Eis – gefrorenes Wasser

Kinder können im Winter beobachten, dass aus einer Pfütze eine glatte Eisfläche wird. Oder sie sehen, dass in einer Vogeltränke kein Wasser mehr ist, stattdessen ist es zu Eis gefroren. Auf einem Ausflug haben sie vielleicht die Gelegenheit, einen zugefrorenen See zu sehen. Diese Naturereignisse lassen sich gemeinsam mit den Kindern beobachten und auch darstellen. Eis ist eigentlich nicht weiß, es erscheint nur so, und je dicker das Eis ist, umso weißer nehmen wir es wahr.

Ein kleiner Vogel sucht Futter – Spiel mit einer Handpuppe

Vorbereitung: Eine Handpuppe in Form eines Vogels besorgen.

„Kinder, habt ihr die feinen Spuren im Schnee gesehen? Die habe ich mit meinen kleinen Füßen gemacht. Ich bin im Schnee hin- und hergelaufen, denn ich habe Futter gesucht. Ich habe keine Körner gefunden. Deshalb bin ich bei euch und suche hier Futter. Wo habt ihr etwas zu fressen?“

Die Kinder können auf Nahrungsmittel aufmerksam machen, dahin kann der Vogel fliegen.

Der Vogel flattert hierhin und dahin, er betrachtet die Dinge im Gruppenraum.

Der Vogel spricht zu den Kindern:
„Ich kann fliegen, bis auf den höchsten Baum; wenn ich will, dann laufe ich. Kommt aber eine Katze angeschlichen, fliege ich sofort auf einen Ast. Wo könnte ich jetzt hinfliegen?“

Die Kinder können auf etwas zeigen oder zum Beispiel „Baum“ sagen.

Der Vogel fliegt davon.

Die Farben des Winters erleben – Kreativangebote

Im Winter überwiegen in der Landschaft kalte Farben. Es herrschen Kälte, Eis und Schnee – Weiß, Blau und Grau dominieren auf der Farbpalette, daneben tritt manchmal das Grün immergrüner Pflanzen, etwa von Nadelbäumen, in Erscheinung. Bei strahlendem Sonnenschein erscheint der Himmel in hellen Blauabstufungen.

Während draußen das Spektrum der Farben im Winter begrenzt ist, werden in der Kita und zu Hause die Räume in vielfältigen, oft sehr warmen und anheimelnden Farben geschmückt – es werden Adventskränzen aufgehängt und brennende Kerzen leuchten umso heller, je dunkler es draußen ist.

Zum Weihnachtsfest schmückt Lichterglanz auf grünen Tannenbäumen und glitzernden Weihnachtskugeln die Räume. Besonders im Advent werden Kekse mit vielen verschiedenen Gewürzen gebacken, deren Duft uns durch die Weihnachtszeit begleitet.

Schnee aus Papier

Material: *weißes Krepppapier, Klebstoff, blauer Tonkarton*

Durchführung: Die Kinder zerreißen weißes Krepppapier und stellen aus den Stücken Kügelchen her, indem sie das Papier zwischen den Fingern hin und her rollen. Dann verteilen sie den Klebstoff auf dem Tonkarton. Anschließend nehmen sie die weißen Knäulchen und verteilen sie auf der mit Klebstoff versehenen Fläche. So entsteht ein plastisches Schneebild.

Es schneit!

Material: *schwarzer Tonkarton, Kreppklebeband, weiße Temperafarbe, kleiner Teller*

Vorbereitung: Mit den Kindern den Schnee beobachten, wie er langsam zu Boden fällt, als ob es nie aufhören würde zu schneien.

Durchführung: Den Tonkarton befestigen, auf einen kleinen Teller weiße Farbe geben. Die Kinder tauchen ihre Finger in die Farbe und tupfen auf den schwarzen Karton. Sie wiederholen das so lange, bis sie genug Flocken haben und aufhören möchten.

Variation: Alternativ können die Kinder die Schneeflocken mit einem Korken stempeln.

> **Tipp**
> Die Materialien möglichst in transparenten Behältern aufbewahren.

Collage aus weißen Alltagsgegenständen

Material: *fester Untergrund (Kartondeckel oder Leinwand), Kleister, viele weiße Gegenstände*

Vorbereitung: Schon zu Beginn des Winters weiße Dinge sammeln, zum Beispiel Wattebäusche, Bänder und Wolle, Noppenfolie, Deckel und Verschlüsse, weißes Haushaltpapier, große Knöpfe, Federn.

Durchführung: Mit den Kindern den Kleister anrühren, jedes Kind erhält eine eigene kleine Schale mit Kleister. Dann suchen sich die Kinder aus dem Materialangebot die Gegenstände aus, die sie aufkleben möchten.

Variation: Silberne Gegenstände und Silberpapier sammeln und auch in der Collage verarbeiten.

Schneebild mit Haftklebepunkten

Material: *weißer Tonkarton, Haftklebepunkte, Schaumstoffroller, blaue flüssige Farbe*

Durchführung: Die Kinder kleben die Klebepunkte auf den Fotokarton. Sie benetzen den Schaumstoffroller mit der blauen Farbe und rollen über das ganze Blatt. Nachdem die Farbe getrocknet ist, ziehen sie die Klebepunkte ab.

Variation: Statt blauer Farbe kann auch eine andere Farbe verwendet werden.

Eis aus Transparentpapier

Material: *weißes Transparentpapier, schwarzer Tonkarton, Klebstoff*

Durchführung: Die Kinder zerreißen Transparentpapier und kleben es übereinander auf den schwarzen Karton. Je mehr Schichten sie aufeinander kleben, umso heller scheint das Papier, das die Eisfläche darstellen soll.

Eiszapfen

Mit Architekten- oder Pergamentpapier lassen sich Eiszapfen, die die Kinder draußen faszinieren, ganz einfach herstellen.

Material: *Architekten- oder Pergamentpapier, Streifen von Karton, Klebstoff*

Durchführung: Die Kinder reißen lange Streifen von dem Papier ab. Diese kleben sie mit ihren Enden auf einen langen Streifen Tonkarton, sodass es aussieht, als ob Eiszapfen von einem Dach herunterhängen würden. Kleinere Stücke des Papiers auf große Streifen kleben, sodass eine Illusion von Eiszapfen entsteht.

Tierisches Winter-Spielvergnügen

Ich bin der kleine Eisbär

Text: Monika Klages, Melodie: „Ich bin ein kleiner Tanzbär"

1. Ich bin der kleine Eisbär
Und komme aus dem Schnee
Ich such' mir einen Freund aus,
mit dem ich spielen geh'!
Und wir tanzen hübsch und fein
Von einem auf das andr'e Bein.

2. Wir sind zwei kleine Eisbär'n
und kommen aus dem Schnee.
Wir suchen uns 'nen Freund aus
mit dem wir spielen geh'n!
|: Und wir tanzen hübsch und fein
von einem auf das and're Bein. :|

3. Wir sind drei kleine Eisbär'n
und kommen aus dem Schnee.
Wir suchen uns 'nen Freund aus
mit dem wir spielen geh'n!
|: Und wir tanzen hübsch und fein
von einem auf das and're Bein. :|

Durchführung: Eines der Kinder ist der kleine Eisbär. Die anderen Kinder stellen sich im Kreis auf und tanzen während des Lieds entgegengesetzt zum kleinen Eisbären im Kreis herum. Bei *„mit dem ich spielen geh'"* sucht sich der Bär einen anderen Bären zum Tanzen aus.
In der nächsten Strophe heißt es dann natürlich *„Wir sind zwei kleine Eisbär'n"*. In jeder Strophe kommt ein Eisbär dazu. Zum Schluss tanzen dann alle Kinder als Eisbären herum.

Variation: Der Eisbär schüttel sich, um sich vom Schnee zu befreien, er rutscht hin und her, weil er auf glattem Eis geht.

Die drei Spatzen

von Christian Morgenstern

In einem leeren Haselstrauch,
da sitzen drei Spatzen, Bauch an Bauch.
Der Erich rechts und links der Franz
und mittendrin der freche Hans.
Sie haben die Augen zu, ganz zu,
und obendrüber, da schneit es, hu!
Sie rücken zusammen dicht, ganz dicht.
So warm wie der Hans hat's niemand nicht.
Sie hör'n alle drei ihrer Herzlein Gepoch.
Und wenn sie nicht weg sind, so sitzen sie noch.

Fünf Freunde

Fünf Vögel sitzen dicht an dicht,
sie wärmen sich, und frieren nicht.

Der Erste sagt: „Ich muss jetzt geh'n",

der Zweite sagt: „Auf Wiedersehn",

der Dritte hälts auch nicht mehr aus,

der Vierte geht zur Tür hinaus.

Der Fünfte ruft: „He ihr, ich frier'!" –
da wärmen ihn die anderen vier.

Die Hand zur Faust machen, dabei den Daumen außen an den Zeigfinger legen.

Den kleinen Finger ausstrecken.

Den Ringfinger ausstrecken.

Den Mittelfinger ausstrecken.

Den Zeigefinger ausstrecken.

Mit dem Daumen wackeln, und dann mit den anderen Fingern den Daumen umschließen.

Vöglein, sag' mal „piep"

Vorbereitung: Die Erzieherin beobachtet mit den Kindern die Vögel im Garten oder betrachtet mit den Kindern in einem Bilderbuch Vögel. Sie erzählt den Kindern, dass ein Vogel großen Hunger hat und um Futter bettelt und „piep" sagt.

Durchführung: Alle Kinder sitzen im Kreis. Ein Kind sitzt in der Mitte des Kreises und sagt: *„Vöglein, sag' mal piep."* Ein Kind aus dem Kreis sagt *„Piep"* und setzt sich auch in die Mitte, Nun sagen beide Kinder *„Piep"* und das Spiel beginnt von vorn, bis alle Kinder in der Mitte sitzen.

Igelmutter

Fünf Kinder hat die Igelmutter,	*Fünf Finger einer Hand hochhalten,*
die trippeln, trappeln durch das Gras.	*mit den Fingern über den Tisch trippeln,*
Die Mutter sagt: „Bald geht ein kalter Winterwind,	*pusten,*
jetzt frisst sich satt ein jedes Kind.	*mit beiden Händen einen Bauch andeuten.*
Wir bauen uns ein Winternest,	*Hände aneinander legen und ein Nest formen,*
darin schlafen wir ganz tief und fest."	*beide Hände zusammenlegen, an die Wange halten und die Augen schließen.*
Doch wenn die Sonne wieder am Himmel steht,	*Beide Arme malen einen großen Kreis in die Luft,*
und zart der Frühlingswind wieder weht, froh in die Welt hinaus.	*dieses Mal leicht pusten,*
dann kriechen alle Igel aus ihrem Winterhaus	*mit den Finger über den Tisch trippeln.*

Weiße Flöckchen fallen nieder

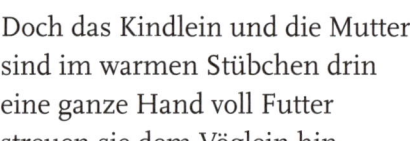

Weiße Flöckchen fallen nieder,
decken Feld und Wiesen zu,
Gras und Blumen schlafen wieder
in der langen Wintersruh.

Vöglein fliegt von Ast zu Ästchen,
hungrig geht es heim ins Nestchen,
alles ist ja weiß verschneit
in der kalten Winterszeit.

Doch das Kindlein und die Mutter
sind im warmen Stübchen drin
eine ganze Hand voll Futter
streuen sie dem Vöglein hin.

Seht, da pickt es mit Vergnügen
läßt nicht eins der Krümchen liegen
rufet fröhlich: Piep Piep Piep
habet dank, ihr seid so lieb.

A B C, die Katze lief im Schnee

Text und Melodie: volkstümlich

1. A - b - c, die Kat - ze lief im Schnee. Und
als nach Haus sie wie - der - kam, da hatt' sie wei - ße
Stie - fel an. A - b - c, die Katz - ze lief im Schnee.

Frau Holle schüttelt Betten aus –
Spiele, Verse und Lieder zum Thema Schnee

Schneeflöckchen, Weißröckchen

Text und Melodie: volkstümlich

1. Schnee - flöck - chen, Weiß - röck - chen, da kommst du ge -
schneit; du kommst aus den Wol - ken dein Weg ist so weit.

2. Komm, setz dich ans Fenster,
   du lieblicher Stern;
   malst Blumen und Blätter,
   wir haben dich gern.

3. Schneeflöckchen, du deckst uns
   die Blümelein zu;
   dann schlafen sie sicher
   in himmlischer Ruh'.

Pille, Palle, Polle

Pille, Palle, Polle   *Alle Kinder klatschen dreimal in die Hände.*

Im Himmel wohnt Frau Holle,   *Mit den Händen einen großen Kreis andeuten.*

die schüttelt ihre Betten aus, *Die Kinder schütteln beide Hände.*

da fallen viele Flöckchen raus. *Die Kinder bewegen die Finger langsam von oben nach unten.*

Ticke, Tacke, Tocke,   *Alle Kinder klatschen dreimal in die Hände.*

das kommt ne' Riesenflocke.   *Mit beiden Händen eine Riesenflocke bilden.*

Die setzt sich auf den Gartenzaun, *Die Flocke setzt sich auf einen Zaun.*

und will sich dort ein Häuschen baun. *Die Kinder halten die Hände wie ein Dach zusammen.*

Ri-ra-ritten

Ri-ra-ritten
Wir fahren mit dem Schlitten.
Wir fahren über'n tiefen See,
da bricht der Schlitten ein, o weh!
Ri-ra-ritten
Wir fahren mit dem Schlitten.

Einen Schneemann will ich bauen

Einen Schneemann will ich bauen,
der ist lustig anzuschauen!

Mit den Händen zwei große Kreise in die Luft malen.

Mit dem dicken krummen Stock,

Gekrümmten Finger hochhalten,

mit dem blitzeblanken Rock.

mit den Händen über den Körper streichen.

Seine Knöpfe das sind kleine,
runde bunte Kieselsteine.

Mit dem Zeigefinger Knöpfe auf Brust tippen,

Seine Augen schwarze Kohlen,

mit dem Daumen und Zeigefinger einen Kreis formen,

aus dem Keller weggestohlen.

die Füßen leise hin und her bewegen.

Seine Nase eine Zwiebel,
„oh", ein schöner spitzer Giebel.

Auf die Nase zeigen,

Und sein Hut aus Packpapier,

beide Hände formen ein Dach auf dem Kopf.

sag, wie gefällt er dir?

A, a, a, der Winter, der ist da!

Text und Melodie: volkstümlich

1. A, a, a, der Win-ter, der ist da!
Herbst und Som-mer sind ver-gan-gen, Win-ter, der hat an-ge-fan-gen.
A, a, a, der Win-ter, der ist da!

2. E, e, e, er bringt uns Eis und Schnee,
malt uns gar zum Zeitvertreiben
Blumen an die Fensterscheiben.
E, e, e, er bringt uns Eis und Schnee

3. I, i, i, vergiss die Armen nie!
Wenn du liegst in warmen Kissen,
denk an die, die frieren müssen.
I, i, i, vergiss die Armen nie!

4. O, o, o, wie sind wir Kinder froh!
Sehen jede Nacht im Traume
uns schon unterm Weihnachtsbaume.
O, o, o, wie sind wir Kinder froh!

5. U, u, u, jetzt weiß ich, was ich tu!
Hol' den Schlitten aus dem Keller,
und dann fahr' ich immer schneller.
U, u, u, jetzt weiß ich, was ich tu!

Spiele im Schnee

Wurfspiel mit Schnee und anderen Materialien

Es schneit, Schneeflocken fallen zur Erde, der Garten und die Landschaft sind vom Schnee eingehüllt. Die Kinder laufen nach draußen, fangen den Schnee mit ihren Händen auf, fühlen die Kälte und nehmen wahr, dass einzelne Flocken federleicht sind. Dann nehmen sie Schnee auf, verarbeiten ihn zu einem Schneeball und werfen damit. Sie können aus dem Schnee große Kugeln rollen und einen Schneemann bauen.

Die Erfahrungen, die die Kinder mit den Eigenschaften von Schnee gemacht haben, ihn zu spüren oder sogar zu fangen, übertragen sie auf andere Gegenstände, wie beispielsweise Wattebäusche, Noppenfolie und zerknülltes Seidenpapier.

Material: *Noppenfolie, Klebstoff, Einmal-Staubwischtücher, Wattebällchen, Seidenpapier*

Vorbereitung: Die Erzieherin nimmt weiße Einmal-Staubwischtücher und legt 3 Wattebällchen auf die Tücher, dann bindet sie das Tuch mit einem weißen Wollfaden zusammen, fertig ist ein weißes Wurfgeschoß. Die Kinder zerknüllen Seidenpapier (ca. 25 cm x 25 cm), die Schneebälle darstellen sollen.

Durchführung: Die Kinder werfen die Schneebälle, einzelne Wattebällchen und das Wurfgeschoss in die Luft. Sie können beobachten, mit welcher Geschwindigkeit die einzelnen Gegenstände zu Boden fallen.

Variation 1: Die weißen Materialien in einen Gymnastikring legen. Nun fordert die Erzieherin die Kinder auf, zum Beispiel die Wattebällchen in die Luft zu werfen, oder die Schneebälle.

Variation 2: Die Kinder klettern auf ein Podest oder auf eine sicher gebaute Erhöhung und lassen „von oben", die Dinge nach unten fallen.

Schneewehen

Wenn es tüchtig geschneit hat und Wind kommt auf, bilden sich häufig Schneewehen. Die Erzieherin betrachtet mit den Kindern eine Schneewehe oder eine Haufen zusammengefegten Schnee.

Material: *Wattebällchen, Strohhalme, ein Tablett mit einem Rand oder ein großer Deckel eines Kartons.*

Durchführung: Zuerst zerpflücken die Kinder ein Wattebällchen in 3 bis 4 Teile, mit der Handfläche rollen sie daraus kleine Kugeln. Mit einem Strohhalm pusten sie die kleinen Wattebällchen in eine Richtung und treiben sie gegen den Rand der Unterlage.

Eine Schnee- und Eisstraße

Auf einer Schneedecke oder Eisfläche geht es sich anders als auf der Straße. Man setzt die Füße vorsichtig auf und achtet auf jeden Schritt. Der Gang verändert sich, man tritt vorsichtig auf und nimmt außerdem noch die Geräusche wahr, die entstehen, wenn auf eine Schneedecke getreten wird.

Die Erzieherin geht mit den Kinder in den Schnee hinaus, sie sind alle ganz leise, achten auf ihre Schritte und horchen, welche Geräusche sie selbst auslösen. Mit Hilfe der Erzieherin betreten sie eine kleine Eisfläche und nehmen den glatten Untergrund wahr.

Vorbereitung: Die Erzieherin konstruiert eine „Schnee- und Eisstraße", dazu eignen sich Deckel von Schuhkartons.
Die Erzieherin gestaltet mit Hilfe der Kinder die Deckel mit den unterschiedlichen Materialien. Alle Dinge werden auf dem Deckelboden festgeklebt

Material: *Schuhkartondeckel, Noppenfolie, Wattebällchen, weiße Wolle, weißes zerrissenes Haushaltspapier, weißes Folienpapier, weißes Moosgummi, weiße Plastiktüte und ausreichend Klebstoff*

Durchführung: Die Kinder gehen auf der Fühlstraße, sie tasten mit nackten Füßen den Untergrund ab und spüren, wie sich die unterschiedlichen Bodenbeschaffenheiten anfühlen.

Schneeberge aus Rasierschaum

Material: *Spiegel als Unterlage, Rasierschaum*

Durchführung: Die Erzieherin sprüht Rasierschaum auf den Spiegel. Nun können die Kinder in der Masse herumwühlen, sie formen, den Schaum auftürmen, Muster zeichnen und Linien mit den Fingern ziehen oder ihn durch die Finger quetschen.

Advent, Advent

Weihnachtsschmuck basteln

Material: *Blankobierdeckel aus Pappe, verschiedene glänzende Papiersorten, Geschenkpapier mit weihnachtlichen Motiven, Klebstoff, Bürolocher, Bänder*

Vorbereitung: Bierdeckel aus Pappe stellen glitzernde Weihnachtskugeln dar – Kinder lieben glitzernde Dinge und auch Papier, das eine glänzende Oberfläche aufweist. Blankobierdeckel sind stabil, die Kinder können sie anpacken, drehen und mit unterschiedlichem Weihnachtspapier bekleben. Doch zuerst betrachtet die Erzieherin mit den Kindern Weihnachtskugeln; häufig haben die Kinder schon Vorlieben für bestimmte Muster und Farben. Aus einem Sortiment von glänzenden Papiersorten und Weihnachtgeschenkpapier suchen sich die Kinder einige Papiersorten aus.

Durchführung: Zuerst zerreißen die Kinder ein von ihnen ausgewähltes Papier und bekleben eine Seite eines Blankodeckels. Dann nimmt sich jedes Kind eine weitere Papiersorte und beklebt die andere Seite, dann folgt der nächste Deckel, bis das Kind damit aufhören möchte. Die Erzieherin stanzt ein Loch in die Deckel. Mit einem Band befestigt sie einen Deckel nach dem anderen. So entsteht ein glänzender Weihnachts- schmuck für den Gruppenraum oder für Zuhause.

Weihnachtskugeln aus Pappmaschee

Gut geeignet zum Matschen und Formen ist Pappmaschee. Es entsteht,
wenn klein gerissenes Zeitungspapier mit Tapetenkleister vermischt wird.
Diese Masse muss gut durchweichen und kann vielseitig verwendet werden.
Die Kinder formen daraus Kugeln, die nach dem Trocknen mit Farbe, Glitzer und kleinen Sternen zu Christbaumkugeln gestaltet werden.

Material: *Kleister, Zeitungspapier, Eimer, Farbe, dicke, runde Pinsel (Therapiepinsel),*
Klebstoff, Glitzer, kleine Sterne

Vorbereitung: Zeitungspapier und Kleister besorgen. Mit den Kinder das Zeitungspapier in Stücke reißen und mit Wasser und Kleister anrühren.

Durchführung: Nachdem das Zeitungspapier gut durchgeweicht ist und sich mit dem
angerührten Kleister vollgesogen hat, formen die Kinder aus der
Pappmascheemasse Kugeln. Die Kugeln trocknen lassen.
Nun bemalen die Kinder die Kugeln mit den kleinen Pinseln, Farbe
trocknen lassen. Jetzt können die Kinder mit Glitzer und kleinen
Sternen die Kugeln schmücken. Die Erzieherin kann Bänder an
ihnen befestigen und sie können als Christbaumschmuck verwendet
werden.

Advent, Advent

Text und Melodie: volkstümlich

1. Ad - vent, Ad - vent, ein Licht - lein brennt, erst eins, dann zwei, dann
drei, dann vier, dann steht das Christ - kind vor der Tür.

Kling, Glöckchen, klingelingeling

Text: Karl Enslin, Melodie: volkstümlich

1.–3. Kling Glöck - chen, klin - ge - lin - ge - ling, kling, Glöck - chen, kling!

1. Lasst mich ein, ihr Kin - der, ist so kalt der Win - ter,

öff - net mir die Tü - ren, lasst mich nicht er - frie - ren.

1.–3. Kling Glöck - chen, klin - ge - lin - ge - ling, kling, Glöck - chen kling!

2. Kling, Glöckchen, klingelingeling,
kling, Glöckchen, kling!
Mädchen hört und Bübchen,
macht mir auf das Stübchen,
bring' euch milde Gaben,
sollt' euch dran erlaben.
Kling, Glöckchen, klingelingeling,
kling, Glöckchen, kling!

3. Kling, Glöckchen, klingelingeling,
kling, Glöckchen, kling!
Hell erglühn die Kerzen,
öffnet mir die Herzen,
will drin wohnen fröhlich,
frommes Kind, wie selig.
Kling, Glöckchen, klingelingeling,
kling, Glöckchen, kling!

Morgen kommt der Weihnachtsmann

Text: Heinrich Hoffmann von Fallersleben, Melodie: volkstümlich

1. Mor - gen kommt der Weih - nachts - mann, kommt mit sei - nen
Ga - ben. Bun - te Lich - ter, Sil - ber - zier, Kind mit Krip - pe, Schaf und Stier, Zot - tel - bär und Pan - ther - tier möcht ich ger - ne ha - ben.

2. Bring uns, lieber Weihnachtsmann,
   bring auch morgen, bringe:
   eine schöne Eisenbahn,
   Bauernhof mit Huhn und Hahn,
   einen Pfefferkuchenmann,
   lauter schöne Dinge!

Säge, säge Holz entzwei

Säge, säge Holz entzwei,

Die Kinder führen eine sägende Bewegung mit dem Arm aus.

kleine Stückchen, große Stücke,

Mit den beiden Zeigefingern zeigen sie kleine und große Stückchen.

Schni, schna, schni, schna, schnucks!

Die Kinder bewegen die Zeigefinger im Rhythmus der Silben.

Hacke, hacke Holz entzwei,

Die Kinder führen eine hackende Bewegung aus.

Kleine Stücke, große Stücke,

Mit der ganzen Hand zeigen sie kleine und große Stücke

Schni, schna, schni, schna, schnucks!

Die Kinder bewegen die Zeigefinger im Rhythmus der Silben.

Breche, breche Holz entzwei,

Die Kinder führen mit den Händen eine Bewegung aus, als ob sie Zweige brechen würden.

Kleine Stücke, große Stücke,

Mit der ganzen Hand zeigen sie kleine und große Stücke

Schni, schna, schni, schna, schnucks!

Die Kinder bewegen die Zeigefinger im Rhythmus der Silben.

Register

Naturbeobachtungen in den Jahreszeiten

Mit kreativen Angeboten durch die Jahreszeiten

Schöne Fingerspiele und Verse für den Jahresverlauf

Die schönsten Lieder für die Jahreszeiten

Jahreszeitenspiele für drinnen und draußen

Spielen mit Krippenkindern

Mit Musik-CDs von Hartmut E. Höfele

Finger- und Bewegungsspiele für
Kinder unter Drei.

Lorelies Singerhoff / Martin Stiefenhofer
Das Krippenkinderspieldpaßbuch
96 Seiten I Kartoniert I Mit Musik-CD
ISBN 978-3-451-32771-1

Gemeinsam singen, klatschen, tanzen,
bewegen und entspannen mit Kindern
unter Drei.

Sybille Günther
Das Krippenkinderkreisspielbuch
128 Seiten I Kartoniert I Mit Musik-CD
ISBN 978-3-451-32740-7